ゆまに書房

書誌書目シリーズ110

フランク・ホーレー旧蔵

「宝玲文庫」資料集成

第3巻

[編著・解題] 横山 學

凡　例

一、本書は、「宝玲文庫」に関するフランク・ホーレー旧蔵資料を影印復刻したものであります。原資料の大半は編著者が保持しています。

二、第一回配本（全四巻）には、日本政府から蔵書が「敵国財産」に指定・没収されることを予期したホーレーが、昭和十六年（一九四一）に急いで作成した蔵書目録と、戦後になってＧＨＱから返還された際に書類に添付されていた目録、慶應義塾図書館の返還目録、さらに、返還本の確認作業に用いたホーレー自身のノート類を収録しました。

三、各資料の「書入れ」「記号」「削除」「加筆」等は、大部分がホーレー自身の手によるもので、整理の段階で加えられています。「資料23」の本文（手書）は、ホーレーの筆跡です。

四、復刻にあたっては「原資料に対して無修正」を原則として、書き込み等もそのままとしました。但し、実際のインク・鉛筆色が赤・青・黒などとなっていますが、製版の都合で判別が難しいかもしれません。ノート類の無記述頁は割愛しました。

五、欧文（横書き）の資料はページ順に従い、右開きとして製本しました。

六、原資料の寸法は様々ですが、Ａ５判に収めるために縮尺率を調整しました。

七、底本の記録状態や経年劣化等により、読み難い箇所がありますが、御了解をお願い致します。

八、各資料には便宜的に番号を付しました。（　）内は「原資料の形態と表紙の記述・資料の冒頭の記述」です。

九、各資料の解題・解説は、第五巻に掲載します。

十、第一回配本（全四巻）の内容は以下の通りです。

以上

第三巻　目次

資料13（書類添付・File No.05264 Enclosure No.4 [Separate book No.1]）

File No.05264
Enclosure No.4
(Separate book No.1)

INVENTORY OF THE BOOKS IN JAPANESE AND CHINESE LANGUAGES

We undersigned, hereby accepted this inventory to be an accurate statement of the books which were already restored, to Mr. Frank Hawley prior to this 1st day of July 1949.

Frank Hawley
Restree

Representative of the
Japanese Government

D. C. Nelson, Major Inf
Witness

書名	著者名	冊数	備考
十六世紀世界地図上の日本	岡本良知	一	
欧米に於ける支那古鏡	梅原末治	一	
日支交渉史研究	秋山謙蔵	一	
日本鑛物誌	福地信世 編	一	
日本産蛙總説	岡田彌一郎	一	
貨幣精圖	大蔵省印刷局	一	
日本英學史の研究	豊田實	一	
草書大字典 上巻		一	
増訂日本思想史研究	村岡典嗣	一	
日本凶荒史考	西村眞次 吉川一郎 編	一	
蜻蛉日記解釋	坂徴	一	
大化改新の研究	坂本太郎	一	
墨水遺稿・續鳳漫筆	黒川眞道校訂	一	

墨水遺稿（古物館類字鈔、歴代天皇御製物名） 一

假名書道ノ研究 盧見?香 一

明治三十八年福島縣山荒誌 一 不完全

大和物語 古註大成 一

伊勢物語 〃〃〃 一

榮華物語 〃〃〃 一

狭衣物語 〃〃〃 一

土佐日記 〃〃〃〃 一

伊勢物語新釋 藤井高尚 一

清少納言枕草子抄 加藤盤齋 一

紫式部日記註釋 清水宣昭 一

落窪物語證解 笠因直麿 一

枕草子旁註 岡西惟中 一

枕草子春曙抄（杠園抄） 北村季吟標註 岩崎美隆校註 一

003

大鏡短観抄　大石千引　一
染織文様史の研究　明石染人　一
三貨図彙　草間直方　一
新修日本小説年表　朝倉無聲　一
日本茶道史　重森三玲　一
日本の民家　今和次郎　一
井上先生喜寿記念文集　賀軒会編　一
賀茂真淵傳　小山正　一
三宅博士古稀祝賀記念論文集　大塚史学会編　一
寛政重修諸家譜　第一輯ー八輯　八
仝　総索引　一
寧楽　第十号（天平文化史論）　一
仝　別巻（仝）　一
扶桑紀年銘鏡図説（大阪市立美術館興業部刊）　廣瀬都巽　編　一

資料 13（書類添付・File No.05264 Enclosure No.4 [Separate book No.1]）

日本美術史年表　源豊宗編　一
陽春廬雜考　小中村清矩　一
日本文化史論纂　加藤玄智編　一
日本中世史論考　大森金五郎　一
西園寺公と湖南先生　安藤徳器　一
日本南國物語　竹田秋樓　一
日本年號大觀　森本角藏　一
神道史　太田亮　一
美味求真　木下謙次郎　一　不完全
法律語彙　明治十六年十二月　司法省藏版　一
財團法人啓明會創立十年記念論文集　一
日本染織工史　泉俊秀　一
日本社會史　瀧川政次郎　一
岩波文庫圖書目錄　一

004

日本美術略史	帝室博物館	一
小川博士還暦記念史學地理學論叢		一
改訂増補 日本博物學年表	白井光太郎	一
書窓雜記	德富猪一郎	一
雨月物語 春雨物語	漆山又四郎 訳	一
日本工業史	横井時冬	一
ペルリ提督日本遠征記	鈴木周作 抄訳	一
日本上代染草考	上村六郎	一
聖上陛下の生物學御研究	日野巖	一
第五改正日本藥局方	内務省衛生局	一
岡倉先生記念論文集	市河三喜 編	一
植物採集便覧	松村任三	一
日本染織史	明石国助	一
日本産業発達史の研究	小野晃嗣	一

一、讀史方輿紀要索引、支那歴代地名要覧　青山定雄編

一、池内博士還暦記念東洋史論叢　加藤繁編

一、紅頭嶼土俗調査報告　東京帝国大学編

一、東蒙古　関東都督府陸軍部編

一、満和辞典　羽田亨編

一、蒙古史研究　箭内亙

一、上代支那法制の研究　行政篇　根本誠

一、極東民族（第一巻）　鳥居龍蔵

一、景印阮刻、十三經注疏、附校勘記（上冊）

一、山崎直方博士所蔵　内外古地図並館絵図陳列目録

一、阿吽阿鑑　附録　富岡俊次郎

一、人類学上より見たる西南支那　鳥居龍蔵

一、艸書大字典

一、東洋文明史論叢　桑原隲蔵

005

明治七年生番討伐関係　一

大唐西域記に記せる東南印度諸國の研究	高桑駒吉	一、	不完全
蒙古史論叢　第一、第二		二、	
蒙古學報　第一号、第二号	蒙古研究所	二、	
支那學藝大辞彙	近藤杢	一、	
中國哲學史	馮友蘭	一、	
満洲地名辞典	岡野一朗	一、	
史蹟調査報告第一（朝鮮に於ける指定史蹟）	内務省	一、	
史蹟名勝天然紀念物調査報告　自第一輯至第十四輯	鹿児島縣	四	
日本民俗學辞典	中山太郎編	一、	
補遺日本民俗學辞典	全	一、	
大日本古文書　家わけ第二		一、	
長崎市史　風俗篇		一、	大破
最近の朝鮮	朝鮮總督府	一、	

朝鮮祭祀相續法論序説	朝鮮総督府中枢院調査課編	一
韓語文典	高橋亨	一
朝鮮の姓名氏族に関する研究調査	朝鮮総督府中枢院	一
大典續録及註解	仝	一
續大典	仝	一
李朝法典考	仝	一
朝鮮風俗集	今村鞆	一
韓国併合顛末書	統監府	一
朝鮮語辞典	朝鮮総督府編	一
朝鮮の姓	仝	一
朝鮮神歌遺編	孫晋泰編	一
朝鮮法制史稿	浅見倫太郎	一
朝鮮文化史論	細井肇	一
朝鮮地誌資料　大正七年十一月	臨時土地調査局編	一

朝鮮社會法制史研究（京城帝國大學法學會論集 第九冊） 一

李朝實錄 風俗関係資料撮要 一

支那歴史地理研究 小川琢治 一

仝 續集 仝 一、

東洋學叢編 第一冊 石田幹之助 石浜純太郎 編 一、

假名の日本書紀 上巻 植松安 一、

法制史の研究 三浦周行 一、

續法制史の研究 仝 一、

隨筆 塩尻 上巻下巻 二、

平賀源内全集 上・下 入田整三 編 二、

東西交渉史論 上・下 史學會 編 二、

辞通 上・下 朱起鳳 二、

伊丹風俳諧全集 上巻 岡田利兵衛 編 一、

能楽（第一巻上、第二巻上下、第三巻下 二冊 第四巻下、第五巻上下、第六巻上下） 一六、

不完全

古今要覧稿 第一―第六（第七巻上下 第十五巻上下 第十六巻上下） 六

法制史上より見たる日本農民の生活 律令時代上、下 瀧川政次郎 二

満洲歴史地理 第一、第二（南満洲鉄道株式会社 歴史調査報告第一） 二

大増訂 国民大辞典（増補年表、あ―お、か―こ、た―は、ま―よ ら―わ、附図） 八代国治、早川純三郎、井野辺茂雄編 五 不完全

杏林叢書 第一輯―第五輯 五

文明源流叢書 第一―第三 三

甲子夜話 第一―第三（第二、二冊） 四 三 第二、一冊

仝 続編 第一―第三 三

日本基督教史 山本秀煌 一

仝 下巻 仝 一

燕石十種 第一、第二 二 三

続燕石十種 第一、第二 二

007

新燕石十種	第一―第五（第三二冊）		亥、五
竹取翁物語解 竹取物語考		田中大秀 加納諸平	一、
支那民俗誌	第一巻、第二巻	永尾龍造	二、
増訂賀茂真淵全集	第一―第七及第十		八、不完全
新註皇學叢書	第一巻―第十二巻	物集高見編	一二、
近藤正齋全集	第一―第三		三
頭註國譯本草綱目	第一冊―第十五冊（第十冊欠）		一四、不完全
黒川真頼全集	第一―第六		六、
伴信友全集	第一―第五		五
萬葉集古義	二、三、四、六、七、九、十、十一、十二、		九 不完全
萬葉集講座	第一巻―第六巻		六、
日本交通史料集成	第一輯、第二輯		二、
續々群書類從	第二―第十六（第十一、二冊）		一六、
西南記傳	上中下各二冊	黒龍會編纂	六、

本朝通鑑　首巻－第十七　十八、
明治文化全集　第一巻－第二十四巻　四、
橘守部全集　首巻－第十二、　三、
大トルストイ全集五戦争と平和(三)　原久一郎訳　一、
國史大系　第一、二、三、四、五、六、八、十一、十五、十六、十七巻　二、不完全
丹鶴叢書（繪詞、史傳、草根集上下、萬代集、今昔物語上下、歌文、攷証、日本書紀香記）　八、
増訂故実叢書　三七、不完全
（冠帽図会外五種、圖解見聞図説外六種、尚古鎧色一覧、武家名目抄乙八、貞丈雑記、舞楽図、全図説、江家次第、禁秘抄考註、拾芥抄、武家名目抄第二、職名部下、西宮記第一、公事根源愚考外五種、装束織文図会、武家名目抄第四（居処衣服部）武家名目抄

第三(服飾部)、武家名目抄第五(公事、文書、飲食部)、歴世服飾考、内裏儀式外四種、大内裏圖考證第二、筆の御霊第一、第二、全附圖、安斎随筆第一、第二、及安斎雜考、禁中方名目抄校註外五種、大内裏圖外二種、武器考證第二、輿車圖考、西宮記第二、武家名目抄第一(職名部上)、大内裏圖考證第一、全第三、本朝軍器考外四種、索引、織文図會第一(文官、狩衣、錦織物)、織文図會第二(服章部、調度部)、標註令義解校本附、武家名目抄第六(儀式、器用部)、武家名目抄第七(甲冑刀劍、旗幟部)

日本儒林叢書(史傳書簡部、論辨部、隨筆部第一、全第二、解説部第一、全第二、) 關儀一郎 編 六

増補 本居宣長全集 首巻―第十二 一三、

國文六國史 三

六國史(續日本紀上、下、日本書紀上、下) 佐伯有義編 一、

|

（日本後紀、續日本後紀、文徳実録
三代実録上下 索引、年表）

續日本儒林叢書　関儀一郎編　五四

（随筆部第一、随筆部第二及詩文部、随
筆部第三、解説部第二）

大日本貨幣史　本庄栄治郎校訂　八、

（第二巻本篇紙幣部、本篇三貨部、附録
藩札部、附録 三貨部、金座銭座部、銀
諸採鑛部、糴糶部、補録、参考物価表
金銀[illegible]部、貿易部、第五巻参考、第七巻
参考）

假名名跡辞林　上下　二、

諸番[illegible]志　一、

熱河志　羅振玉　二四、

009

海東諸國記		一、	
軍門謄錄		一、	
經濟要錄	佐藤信淵、玄海	七、	
〃〃の錦	渡辺華山	一、	
燕京歳時記		一、	
宋刊本十三經注疏附校勘記		八〇、	
大平御覽		一三五、	不完全
制勝方畧		一	
剪燈新話、剪燈餘話、		三、	
五十科策對試策		五	
欽定六部處分則例		八	
欽定續通典		一二、	不完全
欽定續通志		六〇、	不完全
欽定續文獻通考		三六、	

燈

皇朝通志		一二、
皇朝通典		一二、
皇朝通考		四八
鄭氏通志		六〇、
馬氏文献通考		四一、不完全
杜氏通典		一六
津逮秘書		一九七、
通鑑叢書	二四函	一九二
學津討原		二〇〇、
大日本佛教全書		一五〇、不完全
黒龍江志稿		三二、
歴代地理沿革表	四函	二四、
東亜銭志	二函	一八
説文解字詁林	八函	六六

説文解字詁林補遺（十二函）　一六
聖徳餘光、列聖珠藻　紀元二千六百年奉祝会　二、
支那歴代刑事法制（四八枚）（十一巻）　司法省調査課　一、
長崎三百年間（外交変遷事情）　留北済一行稿　一、
時事新編　三、大破
保覧斎文録　一、
評本文章軌範　中村鼎五編　三
日本風俗図絵第一―十二輯　黒川真道編　一二、
廣韻宋刊本景印　十、
古籀篇　高田忠周　六二、
後漢書　乾坤　二四、
愛日楼文　四、
後漢書（八十巻）第一―六十本（五十八、五十九欠）　五八不完全
漢書評林（百巻）廿一　二十本　二〇

史記評林（百三十巻） 二五
繪入好色一代女巻一ー六 六
鶉衣 前篇、後篇、續篇、拾遺 半掃庵也有 俞樓 四、
曠園文字 上、下 二、
新撰洋學年表 大槻如電 一、
大和上代寺院志 保井芳太郎 一、
宋元以來俗字譜 劉復共 李家瑞 編 一、
日本古文書學 中村直勝 一、
日蘭文通ノ起源 日蘭協會 一、
真宗綱要 鈴木法琛 編 一、
支那歴代刑事法制ノ思想（上巻）（司法資料 第一六七号） 一、
蒙古學 第一ノ三冊 善隣協会 三
朝鮮語ト日本語 小倉進平 一、
浮世繪 二四、二五、二七、二八、二九、三一、三五、四一、号 八

藝花名言　巻一ー巻八　四、
寶生　第一巻　一、二号　二、
仝　第一巻　一ー十二号　三、　不足分
仝　第二巻　一ー十二号　二、
仝　第三巻　一ー十二号　二、
仝　第四巻　一ー十二号　二、
仝　第八巻　一ー十二号　二、
仝　第十一巻　一ー十二号　二、
仝　第十二巻　一ー十二号　二、
仝　第十五巻　一ー十二号　二、
謡曲講座　一ー十二、第二期一ー十五　二七、
謡曲界　第六、七、十一、二十四、二十五、三十二、
三十五、三十八、三十九、四十、四十一、四十二、
四十三、四十四巻（各巻一ー六号）　八四　不足分
観世　第一巻　一ー四号　四、

觀世　第二巻　一ノ十号　一〇
仝　第三巻　一ノ十二号　一二
仝　第四巻　一ノ十二号　一三
仝　第五巻　一ノ十二号（四号欠）　一一
仝　第六巻　二ノ十二号　一一
仝　第七巻　一ノ十二号（五号欠）　一一
仝　第八巻　三ノ六号及九、十二号　六
仝　第九巻　二ノ六号及八、十、十一号　八
正倉院志　大村西崖　一
丹鶴圖譜　一
洗硯録　井上清一　一
今昔較　上下　岡三慶　二
聊齋志異評註　八
學古發凡　六

启陰存稿　塩谷世弘　六.
説文解字　許慎　四.
御定駢字類編　四八.
新編武藏風土記稿　八〇.
淮南子　六.
新刻釋名　明暦二年　二
農具便利論　大藏永常　三
日光山志　植田孟縉編　五
校雠新義　上下、　杜定友　二、
百萬小塔肆攷　附図　一.
康熙字典、子集　上、中、下.　三.
仝　丑集　仝　三、
仝　寅集　仝　三.

康熙字典　卯集　上、中、下　三
仝　辰集　仝　三
仝　巳集　仝　三
仝　午集　仝　三
仝　未集　仝　三
仝　申集　仝　三
仝　酉集　仝　三
仝　戌集　仝　三
仝　亥集　仝　三
仝　序文、凡例他　五
用捨箱（柳亭種彦翁隨筆）天地人、　三
陳氏中西回史日曆　五
兩周金文辞大系圖録　郭沫若　五
涵芬樓秘笈　第一〜十集　八〇

013

穴居考（博物叢書）　黒川真頼　一

古事記の「ミホト」の研究　生田耕一　一

高麗史節要（朝鮮史料叢刊第一）　四

日本書紀通釋　飯田武郷　六

本　草　一一二六　五

國語科學講座　附錄國語共　三

圖書館學季刊（一－六及九、一〇）　八　不完全

鹿児島太平くざき　一

本草正正譌刊誤　一

食物和歌本草　三

秘傳花鏡　六

本草和名　一

温古齋蔆志　一

琉璃廠書肆記　一

救荒本草記聞	三
救荒本草會誌	一
本草摘要	一
薇衡考	一
本草綱目補物品目録	二
高階氏薬品会目録 内藤氏薬品会目録	一
藝苔書舎宋元本書目	一
清槿唱和	一
高野長英全集	四
高野長英傳 増訂版	一
昔話研究 第一巻（昭一〇－一一）	一
小はなし研究（才一期、才二期）	二
千草の根ざし	一
名物六帖	二八

014

隋經籍志考證　四
蒹葭堂雜録　五
増廣太平惠民和劑局方　二
二物考　一
補饑新書　一
麦飯さゝ草　一
救荒植物集説　一
救荒孫の杖　一
救饑提要　一
救荒鄙論　一
饑年要録　一
菅ぐさ　一
農家補荒録　一
五[illegible]穀無盡藏　二

鄭繪餘意	一
御薬方書	一
文學第一号（明六・八）	二
日新會寫生	一
備荒餘録	一
食物歌本草大成	一
神農本經	一
錦窠翁九十賀壽博物会誌	二
秋野七草考	一
傷寒藥品體用	二
食物博信纂	三
士礼居藏書題跋記	四
本草眞詮	一
養蚕家傳集	一

黍稷稲粱弁　一
海錯百一録　二
花すゝみ考　一
古事記裏書注之　附解説　二
民國十七年條約　一　未還
草木子　二
本草摘要　一
草木子　四
牛痘発蒙　一
[illegible]鑑　一
凶荒図録　一
本草詩箋　四
大和本草　蘭山　校正　五
本草鄉要（増訂）外二点　未還　六

増補 食物和歌本草　七
采雑　四
物品目録　二
本草余纂　一〇
歌本草　一
小品考　一
西夏官印集存　一
用薬須知　一〇
本草正譌　六
和名類聚抄　五
多羅葉略記　一
神農本草經攷異　三
神農本草經詳攷　三
本草沿襲考　一

田安宗武稿

016

秋はぎの譜　一、
大同類聚方　一、
廣大和本草　三、
竹とり物語（繪入）　二、
竹取物語抄　二、
竹取物語俚言解　一、
竹取物語考　一、
天尓波　一、
韜軒余録　一、
山水入門　一、
經典題説　一、
日本書籍考　一、
（同帙）
本草衍義　三、
本草便讀　四、

草木ノ秘事	一
木草會物品目録	一
藝花危言	四
麗藻	一
病名纂	一
萬病回春名物考	一
医事啓源	一
宜禁本草集要歌	一
救荒野譜記聞	一
草木子	二
本草思辨録	四
摩齋考	二
納豆考	一
昆蟲艸木略	二

六八本草　二、

本心選集（三十八枚一綴）　一、

草木性譜　附有毎草木圖說　五、

桂園橘譜　二、

茶花譜　一、

草木辨疑　「本日凡例」共　四、

製茶圖解　一、

本草沿革攷　一、

近江物產志　二、

本草便讀　二、

本草從新　四、

増訂本草　附方　四、

庖廚備用倭名本草　六、

楅草考　一、

本草啓蒙名疏	八
本草要正	八
泥蘭度草本略	一
葉草略譜	二
番椒譜 附図共	二
本草和名鈔	二
經史證類大觀本草 附本草衍義 大觀本草札記	二〇
重訂本草綱目啓蒙	二〇
本艸綱目拾遺	一〇
本草綱目拾遺	一〇
閩書南産志	二
大同類聚方薬名略解	二
曽槃堂薬圖撰餘	四
大同類聚薬名解	一

蘭山医書類 在寺 二

古方薬義 一（綴二冊一冊）欠 六

疔瘡辨名 一

傷寒論集成 首巻欠 百

漢洋病名對照録 二

病名彙解 七

琉球入学見聞録 八

古語拾遺示蒙節解 四

高野山通念集 百

蔵書紀事詩 六

儒学警悟七集 八

袁中郎全集 三

御教條 琉球版 一

旭山先生文會録 一

支那教學史畧	二
加佐々傳攷	一
鷄蟲　攷	一
格致鏡原	三
大同類聚方	五
本草穿要　五ー七（一冊欠）	四
救荒野譜釋義	一
贈従五位　畔田翠山翁傳	一
夢溪筆談（汲古閣本）	四
仝	四
物類稱呼	五
仝（安永版）	五
采芳隨筆	一六
少室山房筆叢	一六

019

竹取物語俚言解		二、
五十萬巻樓蔵書目録（初編）		二二、
今昔物語		三〇
御成敗式目	慶長十二刊	一、
仝	慶安三刊	一、
仝	慶安四刊	一、
翠華物語詳解		一七、
本草序例	元和六刊	一、
仝	寛永十六刊	一、
新修本草（四、五、十六、十三、十四、十五、十七、十八、十九、廿）		一〇、
小爾雅		一、
小爾雅疏		二、
増廣本草綱目		二四、
桂攷		一、

食物能毒論　一、
錦窠翁米賀會誌　二、
別号索引　一、
能毒圖解大成　二、
蘭學佩觿　一、
增補手板發蒙　一、
菊水湯山手引　一、
格致鏡源　六、
正齋書籍考　三、
慶參品　一、
怡顏齋櫻品　一、
土佐紙業組合試驗標本　一、
製葛録　一、
葡萄培養法摘要　一、

020

救荒本草（異本）	一
百世草	一
詩經名物辨解	四
御膳本草　琉球古字本	一
本草正正譌	一
正續博物志	四
三農紀	一〇
竹取物語文法稿	一
詩經大義	二
詩山書院志	五
鄰交徴書	六
目録學	二
櫻花百絶	一
正字通作者辨	一

手尓葉大概抄傳来	一
古方薬説	一
皇和薬品出産志	一
本朝医家古籍考	一
楓考	一
斵字分箋	一
日本古代文字考	二
老解老	一
医賸	三
弇州讀書後	四
救荒野譜 救荒本草	四
日本山海名産圖會	五
救荒本草 救荒本草譜	六
本草薬名備考和訓抄	七

021

飢饉之節食料ニ成ル草木　一
本草類編選　二
本草綱目指南　一
六書三國藥[illegible]名方言考　一
紫花物語　九
神遺方　三
華夷草木鳥獸珍玩考　異本一冊共（表紙ニハ華夷草木考トアリ）　二
本草簡便　三
質問本草　五
怡顏齋蘭品　二
尾州藥品會目録　一
鳩渓藥品會目録　一
躋壽館藥品會目録　一
天工開物　三

業徽	六
日本製品図説	五
楓花日渉	二
韻鏡易解（大全）	五
謡曲百番	二〇
日本開泉 數語孝經徵解	一
山鵰一聲	五
春秋左傳雕題略	六
萊倭要略	二 大破
中國語講習課本（桂木講）	一
國語羅馬字 常用字表	一
漢字要覧	一
教育上より見たる明治の漢字	一
增補華語跬步	一

022

南窗紀聞	三
日本對外小史	一
豊榮の光	一
印度支那要覽	一
南華字典	一
安南史	一
安南史概要	一
漢字和音	一
遺響録	二
中法外交史（新時代史地叢書）	一
文心雕龍（四部備要）	四
南唐書（全）	二
國語（全）	六
史通通釋（全）	八

滑南文集（四部備要）　八
胡椒一味皇宝記　一
妙薬新撰胡椒考　一
螢雪軒叢書　一〇
鷺務問答　三
近世名医傳　三
渡辺華山忠孝血涙譚　一
紹興校定經史證類備急本草　附解題　六
増廣太平恵民和剤局方　序目録一冊附　一二
蒹葭園叢書　一六
傳藤原公任　金澤本萬葉集　二
日本固有草木染色譜　一
坪井　竹類圖譜　解説共　二
本草綱目　二九　不完全一冊欠

本草述　一六
本草經百種録　三、
日本訪書志　八、
和蘭藥性辨　五
從吾所好　一、　大破
太平寰宇記　三六
新集藏經音義隨函録　二〇
字蘊　一〇
足利學校事蹟考　一、
學海類編　一二〇
愙齋集古録　二八
宋史新編（序目録共）　六五
持靜齋書目　六
經籍訪古志初稿本　二、
一

一

蘭軒雅攷	一
南州翁鶴所遺語	一
萩花集説	一
藥雅	一
令義解	三
閩産録異	四
庫方二氏藏甲骨卜辞	一
驛蕃釋藥、驛蕃隨志節録	一
廣益本草大成（題簽ニハ「和語本草綱目」トアリ）	二〇
支那書畫名家辞傳 姓名索引（一冊）附	一三
諺秀秘渠	一
増訂本草備要	二
本草異名記 製剤記 永禄五年版	一
如亭山人詩本草	一

094

詩本草　一
和歌食物本草　寛永七年版　一
薬籠本草　六
医籍考　影印　民国十五年　四
仝　昭和八・十　八
物類品隲　六
鮮文天路歴程　二
日本国現報善悪霊異記　一
較板集影　一
をしへぐさ　一
済衆新編　五
江寧棲霞寺古塔釈迦八相石刻搨本　八（枚）
瓶花図彙　元禄十一年版　二
新修本草　解説附　六

新修本草獸禽部　巻十五	一
康熙帝御製耕織圖	一
石山寫經選	一
金澤文庫本圖錄	二
金澤遺文	三
校註項氏歴代名瓷圖譜	一
有竹齋藏古玉譜	二
纂喜廬叢書	七
孝經善本集影	一
富岡文庫善本集影	一
皇紀二千六百年紀念　國史善本集影	一
新編諸宗教藏總錄　解説付	三
高野山古經聚粹	一
文淵閣藏書全景	三二

寧楽古經選　三
高麗讀藏雕造攷　三
西域畫聚成　附錄及解説共　三
永楽大典　附現存目表　二
東洋陶磁集成　一
御物上代染織文　二
五經訓解（四冊欠）　明刊本　八（未選）
國朝金閩詩錄續集　四（未選）
本草綱目　三八
花譜　五
外科正宗　四
參加倫敦中國藝術國際展覽會出品圖説　四
秘傳花鏡　六
水産俗字集　一

鳥名便覧 一

古今著聞集　元禄三年版 一〇

經濟秘草（題簽ニハ「[illegible]食秘草」トアリ） 一

かてもの 一

仝 一

仝 一

西廂記 二

本草述鉤元 一二

近識善本圖錄 一

高槻発見切支丹文書 一

重訂解體新書　序、附言、附錄圖共 一三

留青新集 三二

竹取物語析義 一

古今僞書考 一

東韓事略 琉球事略〜	一
南島志	一
中山聘使略	一
仝	一
琉球雑話	一
琉球と爲朝	一
琉球[illegible]行刊	一
琉球談	二
仝	一
婚姻習俗（奄美大島）	一
琉球展覧會目録	一
沖縄志 一名琉球志	五
沖縄對話	二
中山傳信録	六

中山傳信録	六
琉球地理志	一
琉球漆器考	一
琉球人参府貳朱吹立御觸定	一
沖縄志	三
沖縄群島概況	一
中山世譜	一
南島雑話　補遺合本	二
琉球没落慶軍談	一
琉球古来〃数學	一
算用秘（琉球算用）	一
琉球藩史	一
南島史考	一
琉球新誌	二

探え行く農民 一
琉球の地割制度（史学雑誌三九ノ五）一
諸制五十[illegible] 琉球藩の研究 一
日本支那 琉球記聞 [illegible] 一
琉球専説（第一巻、第四巻、第五巻）三
沖縄県宮古島島費軽減及島政改革請願書 一
琉球人種論 一
琉球史の趨勢 一
琉球の史的管見 一
薩南十島管見（十島叢書第一編）一
十島問答 一
偉人伝（沖縄教育第六四号）一
啓明会第十五回講演集（琉球史料蒐集[illegible]）一
沖縄の人事法制史と現行人事法改正管見（司法研究十四輯）一

沖縄県人物風景寫真帖　一
沖縄風俗圖會（風俗畫報臨時増刊）　一
沖縄県土地整理紀要　一
那覇築港誌　一
糖業より観たる沖縄　一
琉球見聞録　一名廃藩事情　一
沖縄県寫真帖　第一輯　一
奄美大島史　一
採訪南島語彙稿　第一編　一
沖縄語典　一
奄美大島方言上二拾　第一冊　一
琉球方言資料　一
琉球語便覧　一
沖縄経済事情　一

琉球聖典おもろさうし選釋	一
おもろさうし	一
瀕死ノ琉球	一
琉球處分	三 [illegible]一冊欠シ
琉球新誌 同共	三
琉球入貢紀略	一
南島紀事 外篇共	五
琉球國志略	六
意見書	一
琉球國外交錄	一
琉球静謐記	一
薩摩軍記	三
沖繩寫眞帖 第二輯	一
駁字辨略	五

028

班荊閑譚　二、
舎密開宗　外篇三冊共　二一、
令義解（温古堂蔵版）　一〇、
令義解　二二、
加賀国物産書上帳　二、
桃洞遺筆　六、
御製耕織図　二、
八丈嶋物産志　二、
左氏百川学海　三五、
唐土名勝図会　六、
列仙全伝　八、
蓁先生斎古籀篇（逮首検字）一帙　一、
古籀篇刊行始末　一、
増補点註国史略　二、

世説音釋	五
新編鎌倉志	三
右文故事	六
江戸時代初期 繪入本百種	二
本朝畫史	五
琉球談	一
八重山島農業論	一
櫟齋雜攷	二
袁中郎全集	三
日本古義	五
令講義	八
本草指南	六
般梁卜辭	三
歴代著錄畫目	六

009

世説新語　六
直齋書錄解題　六
周憲王救荒本草　八
淵鑑類函　一六〇
雙梅景闇叢書　一五
本朝高僧傳　三
五車韻瑞　四九
説郛　四
令義解（難波宗建自筆書入本）　五
仝（慶安三年刊、正親町家旧蔵本）　一〇
仝（鎌倉重賢自筆書入本）　二
通雅　八
貞丈雜記　三二
令義解（櫻園書院藏版）　一〇

藏書百詠	一
歌經	一
李文忠公奏議	二〇
能毒	一
補遺飲膳摘要	一
日本物産字引	一
穀菜[illegible]辨	一
（十品考）救荒本草鈔錄	一
元秘史譯音用字攷	一
經典穀名考	三
和律	三
今和藤内唐土舟	三
賞雪軒論畫叢書	六
謠曲地拍子研究之栞	一

030

侯鯖一臠	五
增補古方薬品考	五
南山俗語考	五
音曲玉淵集	一
續補筆記	一
秋野七草考	二
鍥木文字考	一
蘭療薬解	一
小學考目録	一
敦煌零拾	一
書林清話	五
鴉片事略	一
本草序例抄	七
夢渓筆談	四

仁和寺諸院家記　附録共	四
鬼谷子	二
西行堂集（次記「西行堂中興志」ト内容同一）	一
西行堂中興志（前記「西行堂集」ト内容同一）	一
世説逸	一
世説新語補考　補遺	一
敦煌随筆	一
朝鮮賦	一
古寳方答	一
大物新誌	二
野菜博録	三
彝山書院志	四
本草通串証図附録	一
流虬・百花譜	一

錦窠翁叢蓮誌　一（未見）

琉球人來朝記　三

令義解（五、六、七 八、九、十）近藤芳樹書入本　七

標注令義解校本（八、七、八 九、十）近藤芳樹自筆草稿　五

華陽皮相　三

土佐日記考証　二

竹取翁物語解　六

華夷譯語　一

職原鈔　二

假字考　十

雨月物語　三

記事珠　四

古文旧書考　五

本草彙考　二

酉陽雑俎	四
擭字三音考	一
悉曇字記	一
日本霊異記	三
満洲文學興廢	一
支干考	一
十二月和名考	一
酒古名考	一
二物考	一
六八本草	一
文政年代讀書室物産會目録	一
閩中海錯疏	一
珍藏医書類目	二
本草細珍鑑	二

學庸新義	一
圖註本草原始	八
經傳釋詞	四
中華大字典	四
國立中央研究院、歷史語言研究所「集刊」	七
書道全集	廿七
植物學雜誌	一〇
敦煌石室碎金	一
金文抱朴子	八
元西湖書院書目	一
黄老合論	二
怡顏齋蘭品	一
剪燈新話	七
[illegible] 剪燈餘話	三

駱駝考		一
日本戯曲全集 第四十四巻 現代篇第十二輯		一
仝 第十三巻 歌舞伎篇第十三輯		一
温知叢書 第一、四、五、七、十二編		五
藤陰山房叢書 四		一
椿説弓張月		五
華山全集 第一巻		一
天心全集		一
本邦古代氏姓の研究 [redacted]	井上久米雄	一
改訂 嬉遊笑覧 上下	喜多村信節	二
和蘭文典後編、成句論		一
西人論中国書目 法国考狄編		三
英文華道	ジエー、コンダー	一
日本名筆全集		一六

淮南舊注校理　三

櫻祖神社之記　一

世說新語附世說新語補　三

桐城吳先生評點唐詩鼓吹　二

日本國志　一〇

皇上日錄　一　未還

社倉勤喩　一

明律考　二

講令備考　二〇

言解四書　七

顏氏文房小說　一〇

中外新聞　自十三号　一

和詩要領　上中下　三

天変地異　二

茶道筌蹄 四之 後篇二　二.
明治三十三年 高知縣統計書　一.
竹取物語考 附 諸書図標考 枕詞考　一.
任千田釋體　一.
現代支那人名鑑　一.
陰名考　一.
賣春婦異名集　一.
塩鉄論　六.
將門記　一
好色本解題　一.
司法研究 第十四輯　一.
御世話筋校典　校本喜昌 編　一.
能謡語彙　一.
能楽謡曲大辞典　一.

能楽謡曲大辞典附図　一
製紙技術官協会々報　第二号　一
徂徠問答書　三
野芹　二
評論新聞　第三十七号　一
太政官日誌　明治庚午第七号至五十八号　二
新聞雑誌　第卅四号　一
琉球展覧会出品目録　一
琉球行列　一
禁止本書目　一
慶長以来諸家著述目録　三
明治文献目録　一
享保以後大阪出版書籍目録　一
天理図書館図書分類目録　自第一編至第三編　一

資料 13（書類添付・File No.05264 Enclosure No.4 [Separate book No.1]）

書目答問補正		一
岩瀬文庫圖書目録		一
拓務省圖書總目録（和漢書ノ部）		一
楷葛書屋圖書目録		一
真野先生著蔵書目録		一
芥子園畫傳三集		四
芥子園畫傳		五
卜養狂歌集		二
沖繩志		五
續日本後紀纂詁		十
南島雑話		一
仝　補遺篇		二
南島談話		一
琉球史の趨勢	伊波普猷	一

沖縄志略　一、
傳說補遺、沖縄歷史　島袋源一郎　一、
琉球人名考　一、
別當記　解説共　四、
神皇正統記　四、
好古小録　二
好古日録　二
いろは字源考　森立三　一
神農本草經　三
茶經　二
北窓瑣談　八
骨董集　四
吾多尼訶經　一、
社倉私議　一、

芥子園畫傳二集　四
彰考館圖書目録　一
圖書館學及書誌學關係文献合刻目録　一
東洋文庫地方志目録　支那満洲台湾　一
宮殿書目　一
燕京大學圖書館目録　初編、續書之分　一
小田切文庫目録　一
東方文化學院京都研究所漢籍目録　一
南葵文庫藏書目録　一、二　二
狂歌書目集成　菅竹浦　一
讀律書屋所藏、御成敗式目目録　一
和漢本草圖書展覧會目録　一
清代文集篇目分類索引　一
文机談　解説共　六

新成簣堂叢書 第一—五冊 五

青洲文庫古板書目 一

維新前後外國語圖書目録 一、

昌平黌所藏宋元板書目 一、

杏雨書屋圖書假目録 全 一、

仝 第二編 一、

藏書印譜 一、

續藏書印譜 一、

支那書籍解題 書目書誌之部 一、

一誠堂古書籍目録 一、

靜嘉堂文庫國書分類目録 一

法華經音訓 解説共 二

金句集 解説共 二、

長崎記聞 二

寶物集巻四 一、
元興寺縁起 一、
圖書寮宋本書影 一、
麗言攷 一、
龍歌故語箋 一、
唐大和上東征傳 解説共 二、
色葉字類抄 上、中、下、及攷異 四、
活版經籍考 一、
倭名類聚抄 一、
國朝書目 寛政三、 一、
西夏國書略説 一、
西遊録 一、
視志緒言 一、
夢醒真論 一、

潮汐二字考　一、
層蘇考　附録　一、
女真譯語　二、
御諡號年譜讀例　一、
山海經　七、
天工開物　九、
說文匡謬　一、
說文鬩義箋　一、
說文解字研究法　一、
一帙
世說新語補　二
層蘇考　一、
室名索引　一
臺筵小牘　一
山海經箋疏　四、

木仏考	一
菌蕈図譜	六
世説新語補考	二
開有益斎読書志	六
日本釈名	三
永楽大典	五
慶長勅版、日本書紀（複刻本）	一
長恨歌、琵琶行	一
後陽成天皇勅板長恨歌琵琶行（解題）　一帙	一
博物志	四
景印阮刻十三経注疏（附校勘記）下冊	一
文献叢載（明治聖徳記念学会紀要別冊）	一
類聚、近世風俗志　喜田川守貞	一
西南戦闘日注	一

037

日本文學者年表（續篇）		一
日本奴隷史	阿部弘藏	一
本邦教育史概説	吉田熊次	一
增訂古畫備考（四帙）		一九
文藝類纂	榊原芳野編	八
經齋要錄（明治三一年刊）		七
八靜興長		一
藝苑叢書（五帙）		五九
蕪村印譜		一
椿山華山隆古靄崖畫譜（上・下）		二
華山畫譜（上・下）		二
曆（加賀掾直傳）		一
西鶴作淨瑠璃「曆」解題 ）一帙		一
指微韻鏡私 ）		一

指微韻鏡私抄略解説（一冊）	一
大梅夜話	一
大梅夜話解説	一
月江和尚録	一
白隠和尚垂示	一
酒餅論	一
櫟翁稗説	一
戸田左門覚書	一
國立北平圖書館方志目録	四
古今圖書集成分類目録	一
藏書紀要（大正二年刊）	一
柳田國男先生著作目録	一
研究調査参考文献總覧　波多野賢一・彌吉光長 編	一
東洋文庫朝鮮本分類目録	一

038

京都圖書館和漢圖書分類目錄（歷史地誌之部）		一	不完全
仝（社會產業之部）		一	
仝（法制經濟之部）		一	
尊經閣文庫加越能文獻書目		一	
金澤文庫古書目錄		一	
近世漢學史（久保得二）			
弘文莊待賈古書目（第八号）		一	
仝（第十三号）		一	
日本建築史圖錄	天沼俊一	五	
大日本人名辭書（新訂版）		五	
古事類苑		六〇	
成形圖說（九帙）		五五	
櫻品		一	
詩本草 序芯堂草稿		一	

本草沿革攷	岡本保孝稿	一
生産道案内　上下	小幡篤次郎	二
學者安心論	福澤諭吉	一
補遺飲膳摘要		一
世界國盡		一
初學人身窮理（上）		二
仝（下）		二
訂正國史略		二
三國遺事		二
小山林堂書畫文房圖録	市川米庵	一〇
雲烟印範	木村鉄研	八
米家書訣	米芾	一
皇朝名畫拾彙	檜山義慎撰	五
本朝畫史	狩野永納	六

039

本朝畫史	狩野永納	五
畫論叢刊	于海晏編	六
朝鮮解語花史	李能和	一
端渓硯史	呉蘭修	四
筆史	梁山舟	一
硯箋 墨經	高似孫	一
端渓硯坑考、附叢 石隠研談 墨餘贅	石隠翁	一
執筆十二圖	十濃渓	一
文房四譜	蘇易簡	二
米庵墨談 續共	市川米庵	六
紙業體驗苦心談	中内丈太郎	一
土佐紙業組合規約	土佐紙業組合編	一
手漉和紙	大西虎俊	一
雲箋小譜	葛華	一

安藝三郎左衛門	土佐[illegible]八	一
土佐紙業一班	仝	一
日本古紙展観目録	書香会編	一
葉紙製法新書	安藤[illegible]次郎	一
日本古紙展観目録	書香会編	一
紙ノ文献目録	巌松堂書店古典部	一
新撰紙譜	木村書店編	一
仝	仝	一
仝	仝	一
仝	仝	一
土佐紙業組合規約	土佐紙業組合編	一
土佐紙業一班	仝	一
琉球[illegible]往言	寄峰子 東[illegible]史 述	一
慶長以来小説家著述目録	中根粛治編	一

040

鎖國論 附尾　一

徳川幕府時代書籍考　牧野善兵衛　一

世のうはさ　附解說　口二一冊 明治文化研究会 編　二

浄土教古活字版圖錄　藤堂祐範　一

花洛銘酒鑑　東生 編　一

辭源　商務印書館 編　三

廣東新語　屈大均　一〇

新編藏漢小辭典　黎雨民等 編　二

新字典　朝鮮光文会 編　一

漢藏合璧分解名義大辭典（翻訳名義大集）　附索引 三[illegible]有義文 編　四

理氣先後說（池上幸二郎刊）　野田剛齋　一

仁和寺歷代略譜　一

隔鞾論　塩谷世弘　一

野乘　趙瀷　一

名疇	皆川淇園	六
女四書	駐昭等書 王晉升註	四
女孝經	鄭氏	一
新箋決科古今源流至論	鄭世魁	五
詩次故	申緯	七
佛說大報父母恩重經（朝鮮諺本）		二
淮南子		一〇
吾園隨筆	細川潤次郎	三
燉煌掇瑣		六
三才彙編	龔在升編 顧瑾美補	六
江蘇省立國學圖書館圖書總目	王煥鑣	三〇
鐵琴銅劍樓藏書目錄（瞿氏家塾刊本）	瞿鏞	一〇
仝（涵芬室刊本）		一〇
故宮殿本書庫現存目	陶湘編	三

041

故宮所蔵観海堂書目　阿隆一編　一、
叢書書目彙編　沈乾一編　四、
季滄葦蔵書目　季振宜編　一、
静嘉堂秘籍志　河田羆編　二五、
愛日精廬蔵書志　張金吾編　八
國立北平圖書館書目目録彙發　第璋編　二、
皕宋樓蔵書源流攷　島田翰　一
古今偽書考攷釋　金受申　二、
四庫提要辨證　余嘉錫　六、
安東縣誌　于雲峰編　六、
満洲老檔秘録　二
武仙濡仙　二、
續修台灣府誌一（六十七等編）　一二、
大宮司大田庄長則記一、　一、

有俊卿記		一
實記		一
大外記中原師右記		一
正歴五年外記日誌		一
韻偶大成　付姓氏録	上村貴剣編	三
英廟御製		三
華語類抄		一
琉球詩録	林世功	一
古琉球吟	橋本其有則	二
畫工便覧		六
仝	新井白石	一
服忌令撰註分釋	加藤次章	六
法隆寺宝物考證	栗原信元	一
田能村竹田	大島克郎	七

042

光悦別傳鷹峰餘韻	森田清之助	一、
考古学論叢	東亜考古学会 東方考古学協会 編	二、
天朝墨談	五十嵐篤好	五
漢畫獨稽古	君山	二
土佐紙見本帖	土佐紙業組合編	一、
紙譜		一、
帝國國產和紙標本	土佐紙業新聞社編	一、
三椏培養新説	楳原寛重	一、
防長造紙史	御薗生翁甫編	一、
和紙製造大鑑	西村重一	一
製紙改良實檢全書	國東龍三郎	一、
一壷亭茶話	近藤楠作	一、
紙楮仕立方記録		一
製紙法	石井研堂	一、

聚王紙集	中村直次郎	一
越前紙漉圖説	小林忠蔵	一
越前産紙考	飯田栄助	一
三椏培養新説	楳原寛重	一
雁皮栽培録	仝	一
土佐紙業組合見本帖	土佐紙業組合編	一
土佐紙業株式會社沿革	土佐紙業株式会社	一
和紙談叢（一）	奥本正人編	一
紙漉重宝記	國東治兵衛撰	一
美濃紙抄製圖説　縮寫本	奥本正人編	一
楮皮三俣製紙漉方之記		一
闢邪小言	大橋訥庵	四
神職宝鑑	半井直達編	二
百萬塔陀羅尼考證	花式祐祥	一

琉球神道記	弁連社	二
仝　複製本		二
琉球入貢紀略	山崎美成編	一
西游日簿		一
騰城列士傳	永元愿	四
沖縄県管内全図	久米長順編	一
遼陵石刻集録	国立奉天図書館編	二
切支丹史料集	永山時英	一
鳴沙餘韻　解説	矢吹慶輝編	一
琉球建築	田辺泰・巌谷不二雄	一
廣隆寺建築論 日光廟建築論	伊東忠太・塚本靖・大沢三之助	一
信西古楽図		一
南都十大寺大鏡	東京美術学校編	一
狩野派大観	斎藤謙編	一

顧氏畫譜	顧炳編	四
米山人並半江展圖録	大阪市立美術館編	一
欧米蒐儲支那古銅精華	梅原末治編	七
二條離宮障壁畫大觀	帝室博物館	一
和漢三才圖會		八一
西藏圖考		四
丁丑亂概		二
神代山陵考 神代三陵後考 神代三陵志		一
沖繩一千年史		一
南島夜話		一
南島探検		一
新版沖繩案内		一
琉球と薩摩の文化展覧會目録		一
琉球の文化		一

琉球の研究（「台湾及琉球の音楽に就きて」他）　一

古琉球　一

琉球状と琉球史料目録　一

南島方言資料　一

起て~~▓~~沖縄男子　一

琉球の研究（上）　一

沖縄県治要覧　一

薩摩と琉球　一

沖縄童謡集　一

十九世紀初頭の朝鮮及琉球の民情　一

南島の自然と人　一

八重山古謡　第一、二輯　二

奄美群島と南方文化の研究（ガリ不ミナ）　一

南島研究、南島談話　一

一、國論沖縄號
一、球陽外卷 遺老說傳
一、中山世鑑
一、東汀隨筆
一、奄美大島民族誌
一、沖縄縣政五十年
一、琉球音樂考
一、校註 琉球戯曲集
一、琉球昔噺集
一、琉球古今記
一、海南餘話
一、詩の國 夢の國 琉球小話
一、古琉球
一、標準語對照 沖縄語の研究

045

琉球神道記 二、三、四、	三
琉球王代文献集（第二輯）	一
補遺 沖縄歴史	一
孤島苦の琉球史	一
南島叢考	一
大伴金道忠孝図会	二
和名類聚鈔	一〇
扶桑皇統記図会	一二
唐土王代一覧	三
劉向説苑纂註	一〇
曲舞	一
歌舞名物同異鈔	一
象志	一
賣薬名畫	一

告志篇　一
禽譜　一
咲堂福聚　一
髪飾録　一
十種神書　一
國本論　一
竹取翁歌　一
市尹用覽　一
東大寺獻物帳　一
園治　一
訳本芥子園画傳　三
上代衣服考　一
表装備考　一
元禄十二巳卯霜月朔日冬至慶賀　一

046

文久壬戌讀書室物產會品目

剪燈新話　一
校正首書方丈記　一
縮寫美濃紙抄製圖說　一
新撰養蚕書　一
荒年救飢要略　一
山蚕養法　一
養蚕新說（増補手板）　一
救荒野譜記聞　一
救荒本草拔萃　一
溫古齋護志　一
蘂薇堂人參錄　一
年間名寶考　一
古方藥議　二

啓蒙介譜　一
西仙二柱考　一
熊膽真偽辨　一
三國通覧　一
音訓國字格　一
韻鏡新解　二
孝經國字解　一
孝楚門　一
修心千字詩　二
佐倉宗五郎実録　一
はなのすこみ　一
藝園鉏莠　二
足利市史　二
福岡縣案内　明治四三年刊　一

鹿児島縣大島島廳島治概要　一、
熊毛地誌　一、
郷土教育資料　鹿児島地誌　一、
鹿児島縣治概要　一、
高知縣産業調査書　一、
吾川郡産業調査書　大正八年刊　一、
伊野讀本　一、
高知縣高岡郡史　一、
大正元年　高岡郡統計要覧　一、
和歌山縣方言　一、
野辺地方言集　一、
茨城農會之誌　第一〜六号　明治二十四年　六
川崎市と赤穂義士　一、
新訂増補　鹿児島語と普通語　附兵六物語抄　一、

廣惠編俗解　朱載編　遠藤通克解　二、
古謝并國史拔萃　一、
琉球歌　一
食品本草　一、
袖珍鑑　本草[redacted]綱目　一
仝　一、
増補救民　妙藥妙術集　一、
作益増産　衣裏珍玉　一、
地球産物雑誌　一、
廓語考　一、
物品識名　拾遺（二冊）共　四、
花の宿　獨歩行　一、
見山紀勝　一、
琉球年代記　一、

048

流歌集　一

橘守部傳記資料（橘井清郎、齋藤実造、蓮華文辞）　二

本邦新聞史　一

東京探墓案内　一

記主[redacted]禅師行狀繪詞傳　三

近江蒲生郡志　一〇

戩壽堂所藏殷虚文字　考釋共　二

文人畫選（第一輯十二冊　第二輯五冊）　一七

大東美術　第一輯十二冊　一二

古名録　總目録及索引共　四五

馬氏文献通考　卷三四一　二三　一

謡曲評釋　大和田建樹　三

日本訪書志補　一

續日本紀　二〇

不完全

三禮圖　四
孔子聖跡圖解　三
花彙　八
仝　八
古今著聞集　永禄三年刊　二〇
朝鮮太平記　序目共　寶永二年版　三一
日蓮大士真実傳　五
香艶叢書　八〇
牧民心鑑解　二
眼科摘要　九
本草圖譜　九五
圖書寮漢籍善本書目　宮内省圖書寮編　四
國立北平圖書館善本書目　四
仝　乙編　趙録綽編　一

桑志	李聿求	三
林政八書	旧琉球藩編	一
日本山海名物図絵	平瀬徹斎	五
日本の言葉と唄の構造	兼常清佐	一
能楽論叢	坂本雪鳥	一
国語学史	時枝誠記	一
仝	小島好治	一
鎌倉室町時代文学史	藤岡作太郎	一
金代女真の研究	三上次男	一
斉民要術		五
図書館史	和田万吉	一
日本文学（岩波講座）一（一－四）二（一－三）三（一－七）四（一－三）		七
常野採薬		四
名物六帖		二 大阪

山海名産圖會		五	
中國文學家大辭典	譚正璧	一	
增補改訂 漁撈論	川合角也	一	
施福多先生文献聚影 附解題	シーボルト文献研究室 編	二	
增補 俚言集覽 上下		二	
足利學校釋奠講筵筆記 巻九、十二、十三、十六、十七、廿四		六	不完全
大和本草（新校正）		一〇	
官刻訂正 東醫宝鑑		二四	不完全
長安史蹟の研究	足立喜六	一	
嵯峨志	嵯峨自治會	一	
浅野荘と浅野氏	浅野史蹟顕彰會	一	
聊齋志異菁華	高瀬武次郎	一	
櫻	三好學	二	
住吉大社御文庫貴重圖書目録	御文庫講	一	

050

真宗聖典　浩々洞　一
明文學史（國學小叢書）　一
中國語與中國文（百科小叢書）　一
日本文化圖錄　エール大學會　一
日本文學者年表　赤堀又次郎　一
俗語辭海　一
明清畫林輯傳　汪闢編　一
普通術語辭彙　德谷豊之助　一
難訓辭典　一
日光東照宮寫真帖　別格官幣社東照宮社務所　一
書物展望　第一卷　岩本和三郎　一
仝　第二卷上　欠月欠　一
典籍叢談　新村出　一
考古游記　濱田青陵　一

雑誌索引　四.

日光案内　二荒山神社々務所　一

徒然草（岩波文庫）　一、　未還

邦楽舞踊辞典　一.　未還

解剖学名彙　鈴木文太郎　一.

日本読史年表　大森金五郎　一.

古書讀法略解　孫徳謙　一.

日本魚類圖鑑　田中茂穂　一.

文献索引　第一、二、三年　日本[illegible]ミュージアム　二.

日本文學史　芝野六助　訳補　一.

日本文學史表覧　沼澤龍雄　二.

朝比奈泰彦及協同者報文集（植物学生理学之部）　一.

日本経済典籍考　瀧本誠一　一.

明治大正詩書綜覧　山宮允　二.

051

雨月物語詳解	坪内孝	一
選擇古書解題	水谷弓彦	一
航空用語辭典	高松均	一
皇室敬語便覽		一
日本生物學の歴史	上野益三	一
言語の構造		一
えすぱにや、ぽるつがる記	木下杢太郎	一
飜譯論	野上豊一郎	一
能 研究と発見	仝	一
金春十七部集	野々村戒三	一
狂言全集	幸田成行	三
耶蘇會士日本通信	村上直次郎	二
陸前濱乃法印神樂	本田安次	一
光悦	光悦會	一

一、光悦謡叢
一、阿呼阿經
一、國學書著述一覽
一、西鶴織留新註　梅浦一六
一、江戸文學研究　藤井乙男
一、[redacted]
一、謡曲鼎
一、作詩法講話　森槐南
一、酒害を語る　宗形金風
一、錦繪の彫と摺
一、儒教要典　服部宇之吉
一、漢劇外題要覽　日本放送協會
一、國文學史　佐藤良二
一、シーボルトの最終日本紀行　小澤敏夫 譯

052

シーボルト研究	日独文化協會	一
明治維新神佛分離資料		五
謡曲拾葉抄　上下		二
日支交通史　上・下	木宮泰彦	一
日本盲人史	中山太郎	一　不完全
能楽随想	観世左近	一
延喜式神祇巻		一
日本の歴史	秋山謙蔵	一
日本文化史研究	内藤湖南	一
十六世紀日欧交通史の研究	岡本良知	一
日英交通史の研究	武藤長蔵	一
日支交通の研究　中近世篇	藤田元春	一
日支交渉史話	秋山謙蔵	一
支那書画人名辞書	大西林五郎	四

經籍訪古志　四
渡辺崋山　森銑三　一
渡辺崋山先生百年紀念展覧会出陳目録　一
渡辺崋山　太田譲太郎　一
落款と箱書の栞　一
シーボルト関係書簡集　一
チェンバレン先生追悼紀念録　一
狂言評註　一
能楽日渉　一
大阪府郷土資料陳列目録　一　未選
日本雛祭考　一
文献志林　一
支那学入門書略解　一
明治の漢字　後藤朝太郎　一

053

渡辺崋山　藤森成吉　一、

竹取物語講義　一、

シャボテンと多肉植物の栽培知識　一、

日本文化　一、二、　二、　不完全

篆刻字林　一、

狂言目録　一、

渡辺崋山と冷泉為恭　一、

崋山全集　一、二、　二、

渡辺崋山碧瑠璃園作　一、

渡辺崋山言行録　一、

渡辺崋山　笹川臨風　一、

能楽盛衰記　附図　一、

古史辨　第三冊　一、

伊能忠敬　忠敬会　一、

圖書館總目録　東京書籍商組合員　一

儒教概論　北村海吉　一

古書讀校法　陳鐘凡　一

神楽研究　西角井正慶　一

南蠻文集　一

江戸の面影　一

五山文學小史　上村観志　一

五山詩僧傳　一

源氏物語書史　武笠正雄　一

播磨風土記新考　井上通泰　一

芥子園山水畫譜　一

古畫備考　四

文房至寶　一

硯墨新語　一

054

民藝とは何か　一

日暹交通史考　三木栄　一

看書及藏書　一

古今俳句一千吟　宮森麻太郎　一

目録學の研究　汪辟疆　一

紙魚供養　一

成簣堂閑記　一

典籍の研究　一

筆禍史　一

江戸書籍商史　一

書誌學の論考　一

日本貝類圖譜　平瀬信太郎　一

書目舉要　一

古文舊書考　五一

索引式的禁書總錄　二、
源氏物語研究書目要覽　藤田徳太郎　一、
好書雑載　一、
書物三見　一、
校讎學史　一、
古今典籍聚散考　一、
俳諧書籍目録　一、
丹波布　上村六郎　一、
江戸時代書誌學者自筆本展覧會目録　一、
國文學史十講　芳賀矢一　一、
日本古書通信　昭九、十、十二、十三、　四、
本邦活版開拓者の苦心　一、
竹田翁尺牘　一、
西藏傳印度佛教歴史　上　河口慧海　一、

055

謡曲文庫　別巻第一　一、
舞影一班　一、
繪畫多妻鑑　一、
真言宗聖典　一、
藝書論　一、
萬葉名歌選　一、
東西幽靈考　一、
品川遊廓史考　一、
支那の歴史と文化　一、
竹取物語新釋　一、
十六夜日記　一、
牛込華街讀本　一、
劇　考　一、
ほゝつき　一、

續歷代風俗寫眞大觀　一、不完全
漢字起源の研究　一、
武家時代の研究　一、不完全
美術字典　一、
日欧交通起源考　一、
日本文化史圖錄　一、
國語と日本精神　一、
東洋文庫十五年史　一、
眞行草辭典　一、不完全
雨月物語　一、
足利十五代史　一、
日支外交六十年史　一、
鬼　一、
日本及日本人　一、

昭和十七年東洋史研究文献目録續		二
橘守部大人自筆遺稿展観入札目録		一
業務工程報告書	台湾総督府専売局	一
製脳須知		一
支那中世医学史		一
成形図説		四
日本植物総覧	牧野富太郎 根本莞爾	一
本草学論攷	白井光太郎	三
日本植物総覧補遺	根本莞爾	一
大和本草	白井光太郎	二
薬用植物和漢名対照便覧		一
救荒活民補遺（官版）		三
日本薬園史の研究	上田三平	一
重修植物名実図考	小野職愨	八 不完全

くすのき	三浦謹平	一
本草書目寫本之部（帝国図書館本）		一
三法方典一、二、三巻	橋本鄭宗吉	四
村野蔵書目録（本草関係）	村野時哉	一
本草成立の経過	北平今関研究室	一
本草辞典	松村任三	一
原色菊花図譜	丹羽鼎三	一
日本博物学年表	白井光太郎	一
本朝医家著述目録	萩原七之助	二
本草書目録（本草帝国図書館本）		卅
錦窠翁著述雑誌		一
伊藤圭介先生の傳	梅村甚太郎	一
蒹葭堂小傳	高梨光司	一
本草辞要	清水藤太郎	一

057

存誠藥室本邦医書目（帝国図書館本） 一、

古今中華医書便覧 薬師寺大膳九萬南 一、

皇漢医籍集攷 田口明良 一、

元治増補 衍書籍目録医家類 渡美忠篤 一、

（以上 一帙）

本草綱目纂疏 曽槃（士考撰） 二、

漢方医學餘談 中山忠道 一、

藥品名彙 (A Medical Vocabulary in Japanese.) 伊藤謙 一、

醫に関する圖書解題略（帝國圖書館發行 参考圖書目録） 一、

植物學語鈔 松村任三 一、

日本米食史 岡崎桂一郎 一、

藥物學 石原弘 一、

救荒便覧 吉遠鹿道 一、

古典本草木雑考 岡不崩 一、

和漢医籍小観 佐藤恒二 一、

救荒誌	植島蘇	一
皇漢医籍書目		一
日本医學歷史資料目録		一
本草啓蒙補遺	黒田楽善	一
本草通串證圖 巻三		一
救荒活民補遺書	宋董煟	二
薬性本艸約言 薛己（和刻）		二
仝 仝		二
錦窠翁耋筵誌		三
大和本草	[illegible] 貝原益軒	一〇
羣芳暦草木目録	梅屋鶏塢	一
医心方（仁和寺本複製本）		五
大同類聚方 寫		二三
雷公炮製薬性解	李東垣	四

和漢薬考	小泉榮次郎	一
植物自然分科一覽表	三好學	一
植學書屋圖書目錄	早川香邨	二
仝	仝	二
日本科學の先覺宇田川榕菴	吉川芳秋	一
農事參考書解題	大橋佐平	一
廣群芳譜	清聖祖敕撰	一
救民天德地福傳		一
本草衍義	寇宗奭編	一
植物名彙	松村任三	二
植物和漢名辞林	杉本唯一	一
和漢藥文獻類聚	石橋四郎	一
生藥圖譜	伊吹高峻	一
あぶらむしの研究	工藤元平	一

日本食物史	櫻井秀 足立勇	一
近世日本食物史	笹川臨風 足立勇	一
田中芳男君七六展覧會紀念誌	大日本山林會 編	一
蘭學大家三瀬諸淵先生		一
日本医學史	富士川游	一
本草書目の考察	中尾万三	一
中國医學書目	滿洲医科大學中國医學研究室	一
歴代医學書目提要	丁福保	一
中國医學大辭典	謝觀	一
植物名實圖考與編	吳其濬	二
植物學大辭典		一
動物學大辭典		一
中國藥學大辭典		二
本草約言	薛己	四

059

萬葉草木考　岡不崩　四

支那及日本本草學の沿革及本草家の傳記　白井光太郎　一、

日本園藝史、園藝古書解題、世界園藝發達史　白井光太郎　大井上康　一、

萬葉染色考　上村六郎　辰巳利文　一、

本草學論攷　第四冊　白井光太郎　一、

萬葉植物考　黒田八千代　一

樹種名方言集　安田長次郎　一、

本草朝食鑑（古典全集本）　二、

医心方（全）　七、

藥名　一、

人蔘史　二、四、五、六、　朝鮮總督府專賣局　四、

食物本草綱言　古莢靜巳　編　八

植物名實圖考（欠本十一）　小野職愨　重修　三二、不完全

菜蔬譜　蔵田靜六　一、

南島論叢		一
琉球薬草に就きて（啓明会創立十年記念講演集）		一
琉球史料叢書 一、二、四、五、	伊波普猷外	四
琉球人の見た古事記と萬葉	眞里鎔建	一
奄美大島と大西郷	昇曙夢	一
琉球人参府之節勤方書留		一
琉球之五偉人	伊波普猷 真境名安興	一
海南小記	柳田國男	一
琉球人方御興待御差引茶菓帳		一
朝鮮人名辞書及索引	朝鮮總督府 中樞院	二
朝鮮寺刹史料	朝鮮總督府 内務部地方局	二
書物同好會會報 一ノ十七	京城書物同好會	一
朝鮮研究文献誌（明治年間）	櫻井義之	一
朝鮮圖書解題	朝鮮總督府編	一

朝鮮の姓　　朝鮮総督府　一

青邱説叢　第一―第三　　田川孝三　今西龍　一

三国史記　九

羅馬字索引朝鮮地名字彙　　小藤文次郎　金沢庄三郎　一

楽浪彩篋塚　　朝鮮古蹟研究会　一

大正六年度古蹟調査報告　　朝鮮総督府　一

大正九年度　仝　第一冊　仝　一

大正十一年度　仝　第一、二冊　仝　一

楽浪　　東京帝国大学文学部　一

紙業界五十年　　濱田徳太郎　一

知っておかねばならぬ印刷と紙の話　　瀬良傳善太　一

博文館五十年史　　坪谷善四郎　一

土佐紙業組合製紙試験場　一

本願寺三十六人家集料紙模様　春、夏、秋、冬、　四

紙業新聞 朝鮮号		一
印刷局沿革録	印刷局	一
印度紙業攷（写）		一
伊野讀本	田村豊二郎	二
三椏栽培録	瀧正吉	一
楮及椿紙考（増訂版）	武田陸英	一
沿革大要	土佐紙株式会社	一
仝	仝	一
高知製紙辞典	関彰 片倉健四郎編	一
雁皮聚録	関彰	一
千代田製紙株式会社之歌		一
日本紙業史 京都篇	京都紙商組合事務所	一
二見昇君の略傳 附神戸製紙沿革 及紙史沿革	関彰[redacted]	一
臺湾遺事	台湾總督府民政部殖産局	一

061

美術印刷用紙見本鑑　京都書籍會社　一、
改集越前産紙見本集　全一　一、
日本和紙帽子工業組合（[illegible]）　一、
日本製麻史　高谷光雄　一、
廃物利用　近藤賢三　一、
高知縣産紙案内（昭和拾年版）　一、
王子製紙株式會社案内　一、
和紙研究　八、九、　三、
尊經閣文庫國書分類目録　一、
日本印刷大觀　東京印刷同業組合　一、
春日板彫造攷　大谷德成　一、
近世印刷文化史考　島屋政一　一、
群書索引　物集高見　三、
汲古閣珍蔵秘本書目（吳門黄氏士礼居蔵版）　一、

中國參考書目解題		一、
邦文日本古陶磁研究論文要目	小山富士夫	一、
紅葉山文庫と書物奉行	森潤三郎	一、
日本古印刷文化史	木宮泰彦	一、
高野板の研究（高野山叢書第一編）		一、
高野山見存蔵経目録（仝　第二編）		一、
古版地誌解題	和田萬吉	一、
日本文學書誌	石山徹郎	一、
神道書籍目録	加藤玄智	一、
四庫全書總目及未收書目引得	燕京大學	二、
佚存書目		一、
書目集覽（寛文、元祿書籍目録 享保、宝暦、明和書籍目録）		二、
濯足庵蔵書六十一種	金澤庄三郎	一、
叢書子目索引		一、

群書一覧　尾崎雅嘉　入田整三補　一、巻

仝　續　西村兼文　入田整三校訂　一、

文獻特刊（国立北平故宮博物館十週年紀念）　一、

圖書季刊　一、二、三　国立北平圖書館　三

北京圖書館月刊　一、　未還

清代圖書館發展史　譚卓垣　一、

漢書藝文志講疏　一、

足利學校年譜　須永弘　一、

足利學校貴重特別書目解題　足利學校遺蹟圖書館　一

足利學校貴重書目録　仝　一、

足利學校珍書目録　仝　一

足利學校秘本書目　長澤規矩也　一、

足利學校釋奠講演筆記　一―二六　一、　不完全

足利文化史年表　須永弘　一、

叢書全集目 第五輯（明治大正昭和十年）		一、
本邦書誌の書誌	天野敬太郎	一、
圖書學概論	田中敬	一、
世界印刷通史	中山久四郎	一、
世界印刷文化史年表	庄司浅水	一、
古事記諸本解題	國幣中社播磨神社	一、
日本叢書年表	垂水延秀	一、
四庫全書纂修考	郭伯恭	一、
中國歴代藝文志		一、
京都圖書館和漢圖書分類目録		一、 不足
雲泉荘山誌 巻二、三、四、	松浦三郎兵衛	三、
蓼倉文庫藏書目録	賀茂御祖神社	一、
洗雲亭藏書目		一、
皎亭文庫目録		一、

0963

成簣堂善本書目　一、

成簣堂古文書目録　一、

成簣堂善本書影七拾種　一、

岡村桂園旧蔵書目録　一、

粟田文庫善本書目　粟田元次　一、

真福寺本善本目録、続輯共　二、

勧農経済文献目録　第一部　京都帝国大学経済学部研究室　一、

古文旧書考　附訪餘録　五、

東洋文庫展覧書目　一、

関東現存宋元版書目　長沢規矩也　一、

葵文庫駿河史料目録並善本展覧書目　二、

天理教書目誌　天理図書館　一、

国史論文要目　大塚史学会高師部会　一、

仏教関係雑誌論文分類目録　龍谷大学図書館　一、

史學雜誌總索引 自十一編至五十編	史学會	一	
國學院雜誌總目録 一―四一	神崎四郎	一、	
藏書票の話	齋藤昌三	一、	
善本影譜	日本書誌学会	一〇	
南葵文庫創立紀念會陳列目録		一、	
文明移入に関する古書展覧會目録		一、	
四庫全書總目		六	
日本印刷需要家年鑑	印刷出版研究所	一、	
典籍説稿	山田孝雄	一、	
金澤文庫考	金澤文庫	一、	
佛書解題	大村西崖 中野義照	二	
書物語辞典		一、	
國立北平圖書館々刊 巻一―十八			不完全
藝文志二十種綜合引得	國民政府内政部	一、	

太平御覽引得　燕京大學　一
白虎通引得　一
說苑引得　一
歷代同姓名錄引得　一
藏書紀事詩引得　一
考古質疑引得　一
宋詩紀事著者引得　一
佛藏子目引得　三
道藏子目引得　一
毛詩引得　一
水經注引得　二
新唐書宰相世系表引得　一
太平廣記篇目及引書引得　一
容齋隨筆五集綜合引得　一

日本期刊卅八種中東方學論文篇目附引得　一、
清代書畫家字號引得　一、
文選註引書引得　一、
四十七種宋代傳記綜合引得　二、
三國志及裴註綜合引得　一、
食貨志十五種綜合引得　一、
崔東壁遺書引得　一、
元詩紀事著者引得　一、
刊誤引得　一、
明代勅撰書攷附引得　一、
諸史然疑校訂附引得　一、
唐詩紀事著者引得　一、
蘇氏演義引得　一、
全上古三代秦漢三國六朝文作者引得　一、

065

禮記注疏引書引得　一、
春秋經傳注疏引得　一、
古今人物別名索引　陳德藝　一、
杜詩索引　飯島忠夫　一、
日本佛教史之研究　福田清一郎　一、
金石名辭解　辻善之助　一、
傳說　大正十五、一　昭二、　渡辺薫太郎　一、
大日本繪畫史　一、
滿洲實錄　劉衍　一、
日本佛教史の研究　續編　今西春秋　一、
滿洲學報　第一～第五　辻善之助　一、
明史纂修考　滿洲學會　一、
中國明器　李晉華　一、
重刊燕几圖　蝶几譜　匡几圖　六冊　鄭德坤　沈維鈞　一、

標準漢訳外國人名地名表		一
慶長以來國學者史傳	遠見仲三郎	一
讃岐國名勝圖繪		一
滿洲語俗語讀本	渡辺薫太郎	一
蠶耕録		八
九日新記 第一輯		一
唐律疏議（官板）		五
李蘇州集（仝）		四
唐世說新語（仝）		三
字鑑（仝）		五
駱駝考		一
智囊（官板）		四
石經考（仝）		一
和論語		一〇

990

遼史源流考與遼史初校	馮家昇	一
日本親族法	谷口知平	一
嘉靖禦倭江浙主客軍考	黎光明	一
宮崎先生法制史論集	中田薫	一
日本古代法典	小中村清矩	一
古典の批判的処置に関する研究	池田亀鑑	一
清官式石橋做法	王璧文	一
敦煌畫の研究 圖像篇	松本榮一	一
唐代長安與西域文明	向達	一
西藏品圖録	美術學校校友會	一
增註源氏物語湖月抄 上巻		一
平安朝時代の草假名の研究	尾上八郎	一
增訂日本文法史	福井久藏	一
日本語の根本的研究	北里闌	一

上代の國語國文學　橋純一　一、
石碑　辜鴻銘　一
漢音呉音の研究　大島正健　一、
槐草子評釋 上巻　金子元臣　一、
中支参攷書指南　何多源　一、
新修日本小説年表　朝倉無聲　一
語言葉の研究と實際　神保格　一、
西南文運史論　武藤長平　一、
文法論と國語學　三矢重松　一、
古語の新研究（尊稱編）　佐藤仁之助　一、
語源類解　松村任三　一、
口語俗語 日本現代語研究　松浦珪三　一、
國語尊重の根本義　山田孝雄　一
源氏物語の音樂　仝　一、

067

高等國語法講義	木枝增一	一
唐令拾遺	仁井田陞	一
今昔物語集の新研究	坂井衡平	一
蝸牛考	柳田國男	一
國語と國民性、日本漢文學史	芳賀矢一	一
國語學史	吉澤義則	一
國語時相の研究	新井無二郎	一
國語の愛護	五十嵐力	一
標準漢文法	松下大三郎	一
元始日本語	中村爲堂	一
日本漢字學史	岡井愼吾	一
文語口語對照 現代日本語文法	松浦珪三	一
日本音聲學	佐久間鼎	一
日本大文典	落合直文	一

改撰標準日本文法	松下大三郎	一、
莊内語及語釋	三矢重松	一、
萬葉集講義　巻第二	山田孝雄	一
仝　巻第三	仝	一
古寫本抱朴子　論仙第二、對俗第三　複製本		一、
現代國語思潮　續篇	日下部重太郎	一、
元寇の研究	竹内榮喜	一、
元寇の新研究	池内宏	一、
室町時代物語集　第一〜第四		四、
室町時代の言語研究	湯澤幸吉郎	一
國語學叢録	上田萬年	一
碑碣法帖談	樋口勇夫	一、
國語の新研究	三矢重松	一、
日本語と蒙古語	大藪鉦太郎	一、

標準古風土記（出雲）	栗田寛	一
仝 （常陸）	仝	一、
清代學者生卒及著述表	蕭一山	一、
日本法制史書目解題 下	池辺義象	一、
口語法別記	國語調査委員會	一、
日本靈異記	板橋倫行	一、
校訂 延喜式 上下及索引		三
近畿能樂記	野々村戒三	一
梵文學教科書	高橋順次郎	一、
國際音標國語正音字典		一、
かざし抄	富士谷成章	一、
方言改良論	青田節	一、
國語音聲學講話	佐久間鼎	一、
北海道地名解	磯部精一	一、

標註令義解校本　乾		一、
校註世阿彌十六部集	野々村戒三	一
ウエデスレル氏スペルリング　かなつき	中村應	一、
國語史　一、二、三、六、九、十二	安藤正次外	六
江戸言葉の研究	山田正記	一、
隠語構成の様式并其語集	樋口榮	一、
國語観	岡本千万太郎	一
漢文音讀論	岡田正三	一
天草本伊曾保物語	新村出	一
能樂資料第一輯	小林静雄	一、
女真語の新研究	渡辺薫太郎	一、
女真語来文通解		一
日本畫家辭典　人名篇、落款篇		二、
增補日本書畫骨董大辭典		一、

増訂再版 日本佛家人名辞書		一
神祇辞典	山川鵜市	一
校訂 古語拾遺新註	池辺真榛	一
古語拾遺講義 稜威男建	栗田寛	一
増訂 稲荷神社志料		一
あゆひ抄 改訂版	富士谷成章	一
日本語読本 中等科用	布哇教育会	三
全		五
全 （米國加州教育局検定）		六
全	松宮彌平	四
國語の研究	金澤庄三郎	一
日本古代語音組織考（解説）	北里闌	一
説文月刊		七
肥前國 豊後國 風土記考證	後藤蔵四郎	一

勅命秘府本 蒙古襲来繪詞（解説付）		二、
類聚國史 [illegible]、一六五、一七一、一七七、一七九、		四、
年中行事	（前田家複製）	一、不完全
自顧愷之至荊浩支那山水畫史（附図共）	伊勢専一郎	二、
満文書籍聯合目録	李德啓	一、
殷墟出土白色土器の研究		一、
西文東方學報論文擧要		一、
五十音圖の歴史	山田孝雄	一
能樂史料 第三編、第五編		二、不完全
上田秋成全集		一、
本化聖典大辭林 上、中、下		三、
古今工藝圖彙	國府田範造	三、
日本文化史展覧會圖録（紀元二千六百年記念）		一、
東京夢華録		一、

070

宋刊龍龕手鑑	岡井慎吾	一
玉篇の研究		一
師石山房叢書		一
シーボルト先生其生涯及功業	呉秀三	一
密教大辞典 上・中・下		三
標韻集		二
つれ〃草寿命院抄		二
節用集 上・下		二
正倉院考古記	傅芸子	一
支那画学書解題	原田尾山	一
古本節用集の研究	上田万年 橋本進吉	一
續世説新語（官版）		五
校本八雲御抄とその研究	久曽神昇	一
児童語彙の研究	沢柳政太郎 田中末広 外	一

修訂 官職要解　和田英松　一
枕草子評釋 下巻　金子元臣　一
弘文荘待賈古書目 第十五号　一
漢學者傳記集成　竹林貫一　一
漢呉音図　六
纂注倭名類聚抄 上下　狩谷棭斎　二
音曲玉淵集　丸岡桂 校訂　一
頭註華傳書　仝　一
日本法制史書目解題 上　池辺義象　一
高知縣勧業月報 第十号 第十一号　廿一 一帙二冊
関東往還記　一
叢桂堂書目　一
分類農村語彙　柳田國男　一
古本之友 第一号　一

071

景宋本世説新語（解題共）　　六。
皇室御撰之研究　和田英松　一。
珍書同好會本　　四フ
本居宣長翁書簡集　奥山宇七　一。
日本叔蘇史　阿部弘藏　一。
禪竹集　吉田東伍校註　一。
薩隅日地理纂考　　一。
元禄古版画集英　一、二　識井　靖　二。　大破
善本影譜　甲戌　第一輯—第十輯　一〇
仝　癸酉　仝　一〇
格致鏡原　　八
永樂大典　巻三十五百八十四　巻五十五百八十五　零　一。
物産取調心得書　京都府　一。
南京遺芳（附卷共）　佐佐木信綱　橋本進吉　二。

増補 倭訓栞 上、中、下．		三
増訂 新修有職故實	江馬務	一
室町時代小説集	平出鏗二郎	一
漢六朝の服飾	原田淑人	一
瓶史國字解		二
四庫全書總目及未收書目引得		二
叢書要覧	観農哥	一
世界印刷通史 第二巻	中山久四郎	一
金澤文庫古文書 第一輯		一
古逸書録叢輯		一
國語學新講	東條操	一
國語學書目解題		一
俚諺大辭典	中野吉平	一
宝生院藏倭名類聚鈔紙背文書		一

漢字の研究	安達常正	一、
三宝絵詞 上		一、
國學者傳記集成 第一、第二、續編		三、
萬葉集講義 巻第一	山田孝雄	一、
水言鈔		一、
假名遣の歴史	山田孝雄	一、
日本文法 てにをはの研究	廣池千九郎	一、
淮海挐音		二、
字鏡及解説		三、
日本版画変遷史	島屋政一	一、
南葵謡曲沿革史 上下		二、
切支丹宗教文學	姉崎正治	一、
稀書解説 第四編		一、
新撰姓氏録考證索引		一、 不完全

英和印刷書誌百科辞典		一、
増註 源氏物語湖月抄 中、下		二、
建築設計参考図集 三、七、八、九、十		五、不完全
國學者傳記集成名号總索引		一、
三宝絵詞 中		一、
西域に発見の絵画に見えたる服飾の研究	原田淑人	一、
当局遺誡及解説		二、
日本語源學	林甕臣	一、
仙台方言音韻考	小倉進平	一、
國民の日本史		一〇 不完全
歌舞品目 上巻		一、
医心方 一ノ六	正宗敦夫	六
宝雲 第三十四、三十五		二、不完全
今昔物語 上、	宇治大納言 源隆国卿 撰	一、不完全

073

謡曲文解　後篇		一、	不完全
工藝　八、九、十、十一、十二、三十六、		六	不完全
解題叢書		一、	
珍籍展覧會目錄		一、	
謡曲通解　坤		四	不完全
日本民族	東京人類學會	一、	
能と歌舞伎	小宮豊隆	一、	
東方言語史叢考	新村出	一、	
日本繪畫史の研究	澤村專太郎	一、	
明治文學研究誌	岡野他家夫	一、	
室町時代小説論	野村八良	一、	
訂正古語拾遺		一、	
紙魚の昔がたり	讀書會　編	二、	
鶴岡本　御成敗式目		一、	

蒙古游牧記	穆石州	四
戊壓考(咸豐叢書)		二
アイヌ語より觀たる日本地名研究(叢書版)	バチラー	一
播磨に於ける特殊部落成立の傳說	藤木政治	一
讀書放浪	内田魯庵	一
退讀書歷	柳田國男	一
支那學術文藝史	長澤規矩也	一
日本美術史研究	濱田耕作	一
西洋に於ける日本文學	久松潜一	一
紙魚文學		一
海表叢書(巻一—六)	新村出編	六
北薩植物の概觀	村松七郎	一
麗宋樓藏書志(帰安陸心源剛甫編)		八
古文孝經私記 巻上		一

不學集　巻之下　一　不完全

先秦時代文法研究　新樂金橘　一

東山水墨畫集　解説共　二

琉球の宗教　一

天正年間遣欧使節関係文書　二

蕪村名画譜　一

蕪村翁年譜落款印譜　一

五雑俎　八

中國通俗小説書目　一

本草和解（巻一ー七 標引十四篇）　四

救民妙藥集　一

漢字三音考　一

新撰山東玉篇　六　大破

日本古代語音組織考　表図　北里闌　一

交通文化（十四）、		一、	不見全
汲古随想	田中敬	一	
圖朝全集（巻九、十、十三）		三、	不見全
職人繪畫		一、	
本經續疏		三	
本經疏證		六	
本經序疏要		三	
歴代風俗寫真大觀		一、	
浮世繪賣立目録	武井清	一、	
水族志	畔田翠山	一、	[illegible]
用字格（新刊校正）、		二、	不見全
磨光韻鏡（上、下）		二	
岩波講座　國語教育		九	
日本語海外普及に関する第一回協議会要録	国際文化振興会	一、	

日本語海外普及ニ関スル第二回協議会要録　国際文化振興会　一、

仝　第三回　仝　仝　一、

The Study of the Japanese Language (British Association of Japan)

四庫未收書目提要　阮元撰　一〇、不完全

圖書館雜誌　一、

通俗紙幣發達史　西嶋東洲　一、

蘇峰先生著作五十選　一、

四部叢刊　續編　第二次　樣本　一、

年中行事　第六冊　北野博美　一、不完全

岡山歷史地理　第一巻第一号　一、

史學雜誌　七、不完全

東方學報(京都)第一～十三冊(六、八、十三欠)　一九、不完全

仝　(東京)總目次(自一冊至十冊)　一、不完全

明治聖徳記念學會紀要　第七巻　一、不完全

蒹葭堂植物圖　一、
啓明會第二十一回講演集　坪井九馬三　矢野仁一　一、
蒙古寇紀　一、
啓明會第六十四回講演集（伊東忠太 建築に現はれたる日本精神）　一
星岡 第八十三号　一 不完全
東京美術研究所文献目録（昭和十二年）　一
李園庵四書會講譯本　一、
圖書館書籍標準目録（昭和十二年新訂版）文部省編　一
邑樂叢書（二）　桐生高等染織學校　一
頭註花傳書（謡曲叢書第一編）　根岡桂駿　一
音曲二説集（謡曲叢書第二編）　全　一
謡曲拾葉抄（謡曲叢書第三編）　一
岡山歴史地理 第二巻第五号　一
四庫全書珍本初集 景印文淵閣本 簡之十　一、

076

四部備要說明書　一、

日佛會館學報　佛文篇（一）　一、

高知縣農業一班　一、

史學雜誌　第四十四編第十一号　第四十五、第四、第五号　三　不完全

懷風藻註釋　澤田總清　一、

日本戲曲全集　第四十一巻　一、

狩谷棭斎箋註倭名類聚抄　京都帝國大學文學部　國語學國文學研究室　一、

東方學報　東方文化學院　八　不完全

水平運動　高橋貞樹　一

日本考古學　濱田耕作　一、

一誠堂月刊　第四号　一、

御諡號年譜　一、

東洋學藝雜誌　自第一号至第九十号　總目錄　一、

蕃山先生略傳　附年譜　一、

日本古典索引 第一部第一種 一
人類學會雑誌 自第一号至第三百号 總目録 一
新羅之記録 一
大禮紀念京都美術館年報（昭和九年） 一
遼東齋述語（定期叢刊第十集） 一
郷土史に輝ける人士 一
荻野山植物 川崎光次郎 一
方言と土俗 第三巻第十一号 一 不見ヘ
内外紙業統計 王子製紙販売部 一
竹田翁尺牘（吾物） 一
「シーボルト原稿」（解説附） 二
帝室博物館圖録 二 未還
元朝驛傳雑考 羽田亨 一
中西交通史料滙篇 陳垣題 六

077

美術書發行目録　審美書院　一、
藥方選　一、未還
藥方全書　一、
書誌學　小見山寿海　一、
大橋圖書館第拾貳年報　一、
近畿善本圖録　内藤虎署發　一、
龍谷要鏡殿名譜　一刊　一、大破
史學雑誌　二、不完全
帝室博物館圖録　二、未還
文藝醫書目　第二期　一、
和漢醫學分類　三、
醫家精西下、巻五　一、不完全
醫論　一、
改訂故實叢書　今泉定介　一、

字音假字用格	本居宣長	一
尾州大須寶生院藏傳古抄殘簡		一
新撰年表	逢谷実作	一
康熙幾暇格物編 上・下		二
野芹		一
朝鮮支那文化の研究		一
日本原始農業新論		一
音韻調査報告書		一
北京大學國學季刊		二
星岡		一 不完全
李鳳庵四書合璧譯本		一
日本重要水産動物図解説		一
朝鮮窯業の過去及び将来	浅川伯教	一
野外植物	阪庭清一郎 昌慶苑部	一

0178

玉渕集　一

西郷南州先生遺訓　一

音韻書目解題 取調ニ関スル事項報告書　一

圖書館書目 解題書ノ數種　阿部吉雄　一

狩野派絵具覚書　一

續府書類聚　七二 不完全 七十二冊中[illegible]

曼荼羅の研究　栂尾祥雲　一

新國史の研究 各説上　黒板勝美　一 不完全

番椒圖説　一

現代挿花圖集　二 大破

沖縄志 一名琉球志　伊地知貞馨　五

韓語研究法　薬師寺知曨　一

東方染色文化の研究　上村六郎　一

板碑概説　服部清五郎　一

假名ノ日本書紀　下巻　植松　安　一
古代研究　第二部　折口信夫　一
東京工業試験所報告　第十三回　第五号　一
昭和十二年度中小工業ノ組織化並高級化施設及実施概況報告書　中巻　一
大東輿地図　索引共　二
寺社宝物展[redacted]観目録　二
瀋陽寺建築論附図（東京帝国大学紀要工科第十四冊第一号附図）　一
日光廟建築論附図（全）　第一冊第二号附図　一
日本古楽図　一
相阿弥四季山水画冊　一
国宝重要美術品　絵画展覧会図録　七
紹述編年　葉坤　二
頌聖公年譜　一
島津世家　三

079

新納忠元勲功記	一
薩州士風傳	一
薩藩經緯記	一
贈従三位松平齊興公御事蹟	一
管窺愚考　附錄共	二
大寛實錄　一名島津世旅記　上中下	三
薄様色目	一
西洋學家譯述目錄	一
麝香其外唐薬種取引證文	一
臺灣調査書（明治四十三年九月）　高知縣	一
英國博物館所藏燉煌出土未傳稀覯佛典白寫真其他陳略目	一
父要便覽	一
財團法人啓明會第二十一回（昭和十四年度）事業報告書	一
藏書記要	一

書物展望 第二巻 一、二、三、十一、十二 六
東洋學報 第十三巻 一、二、三、四号 三、不完全
渡邊華山言行錄 堀江廣雄 一、
和漢醫學分類 一、二、三、九、三八 三五 不完全
神農本草 三巻 一、
椿説弓張月 下 五 五
十二月圖帖 一、
郷土趣味 第七号 一、不完全
南蠻寺興廢記 廿 一冊
玫瑰花疑記錄 一、
廣惠濟急方 上、中、下 三、
聖教日課 一、
征使水路記 五
鳴沙餘韻 二、

080

東洋歴史参考図譜	三	
藤陰山房叢書	二六	
灣三論　廣東丑版	三	
蠖城李卷	一	大破
書目彙覧　宣文書局目録　光緒中國書之	一	
書長以後　書畫彙覧	一	
千種之花	四	
古文舊書考	四	
好色本目録	一	
五山文學全集	五	
明治聖徳記念學會紀要	四三	不完全
亜細亜研究	一	
書誌學	一	不完全
燕京學報	二七	

輔仁學誌　九
史學年報（燕京大學歷史學會）　五
中國營造學社彙刊　七
江蘇省立國學圖書館第一－八年刊　八　不完全
方言（第一卷四、第二卷十二、第三卷十二、第四卷十、第六卷十二）　五つ不完全
漢方と漢藥（第一卷八、第二卷十二、第三卷十二、第四卷十二、第五卷十二、第六卷六、以上揃ひ）　。全大二冊
日本農民運動（第十二、十三、十四號）　三
圖書館學季刊（第一卷四、第二卷一、第三卷三、四卷三、五卷二、六卷四、七卷二、八卷四、九卷二、十卷四、十一卷二）　中華圖書館協會　四一
民俗藝術（第一卷十二、第二卷十二、第三卷十二、第四卷十、第五卷六）　一七　不完全
國立北平圖書館館刊（第六卷十二、七卷九、八卷八、九卷六、十卷十）　四一　不完全
昭和七年業務報告（岐阜縣蠶絲業試驗所）　一
大和本草（卷二－七）　一

081

大和本草（巻三八、九）　一、

仝（巻之十、十一、十二）　一、

仝（巻之十三、十四）　一、

仝（巻之十五、十六、附録、諸品図）　一

國學院雑誌　第一巻—第四四巻、各巻十二冊（但シ巻五、十一冊　巻十三、十一冊）　五二九、不完全

蘭藥鏡原（十一、十二、十三）　三、

球陽（上、中、下）　三、

東方學報　八　不完全

東洋學報　一四、不完全

藝文、第一年—第三十二年、各年十二冊、総目録索引一、（但シ第一年九冊、第二、十三、十六、十七、十八年各十一冊、第三十二年二冊）　二四六

斯文（第一—五編（各六冊）六編（四冊）七編（六冊）八編（九冊）九—十八編（各十二冊）十九、二十編（各十冊）　雑誌（第一、二、四、五、六、八、九十編二各一冊）　一九五冊

第六編總目次未還

第十九編一冊欠

足利學校遺蹟沿革　一、

浅野家の有恒社と株式会社有恒社	一
高麗史節要 翻刊 附録	一
植物名實圖考	一
賣扇庵[illegible]譜	一
奄美大島民謡大観	一
大廣益會玉篇	五
博物新編 明治八年	五
土佐紙業組合 製紙試験場 業務工程報告書（大正十五年度）	一
印刷紙の研究 附 紙業統計 出版の手引	一
製紙改良同業組合	一
足利学校釋奠講演筆記 第六巻 第十七巻	二
琉球と鹿児島 藤田親義	一
琉球弾瑠璃	一
琉球大観	一

082

沖縄女性史　伊波普猷　一
南島沿革史論　幣原坦　一
朝鮮の俚諺集　附物語　高橋亨　一
續日鮮史話　松田甲　三
滋賀縣方言集　太田榮太郎　一
壹岐島方言集　山口麻太郎　一
北飛騨の方言　荒垣秀雄　一
白牛酪考　一
萩日記　一
歯に関する俗信一覧表　一
本草序例　一
本草通串證圖　要本　上、下　二
本草古書沿革考　一
本草備要　上、下　二

民俗藝術　十四巻第一号　一
文藝、自昭和八年十二月至九年三月　一
廈門音系　羅常培　一
廣西傜歌記音　趙元任　一
西夏研究　王静如　三
光緒時代之滿鮮関係　稲葉岩吉　一
高山市史　附録共　二
南島固顔録　一
熊毛郡沿革誌　一
琉球の織物　一
沖縄縣女子師範學校　郷土教育紀要　一
製紙の學理及實際　今関顕　一
支那歴代年表　続編　山根倬三　一
平家納經圖録　一

法隆寺國宝保存工事報告書（西圓堂）下 四冊　一

秘葉考　田中薫　二

郷土志料目録　沖縄図書館　一

書窓、製本之輯　上田徳三郎 述　武井武雄 図　一

都濃郡自治史要　一

土佐紙業組合製紙試験場 事務工程報告書（大正九年度）　一

能楽　第四巻 上　一

歴代名瓷　美洲福南 義　一

東京文理科大学文科紀要 第十一巻 第三号、唐音考、八号　一

日台大辞典　一

旧刊景譜　川瀬一馬　一

訪書餘録　本文篇、図録篇　二

古活字版之研究　附図共　川瀬一馬　二

江戸時代語研究　第十一巻 六四号 第二巻 一号　三不完全

癡翁自傳　一

日本法制史研究　瀧川政次郎　一

東洋法制史本論　廣池千九郎　一

和漢本草図書展覧會目録　大阪府立図書館　一

本草書目抄　昭和三年三月　一

纂辯　巻一～八　八

艸叢　二

胡椒一味重宝記　一

漢篆千字文　四

神農本經解故　鈴木素行　一

二物考　明治十六年　一

成簣堂古文書影百種（十二枚欠）　一不完全

經驗良方　上　一

琉球聘使畧　一

084

字鏡集 附字訓索引		一〇
圖書和語本草綱目		一〇
草字彙		六
世説新語補考 上・下		二
詩本草		一
東洋法制史序論	廣池千九郎	一
令集解		一
日本法制史	池辺義象	一
日本法制史	瀧川政次郎	一
帝室制度史 一、二、三、四、		四
令義解講義		一
古文書類纂	瀧川政次郎	一
大宝令新解	窪美昌保	一
律令の研究	瀧川政次郎	一

支那法制史研究		瀧川政次郎	一
日本古代法釋義		有賀長雄	一
日本法制史		三浦菊太郎	
花彙			八
袖珍薬説	中篇、下篇		二
新刊萬病回春			七
格致鏡原	巻五十一、五十八、六十四、七十一、七十七、八十三、八十九、九十五		八
音韻調査報告書			一
古風土記逸文考證	上下	栗田寛	二
歷朝聖德錄			一 大破
如亭山人藁	初集		一
西域畫集成	第十輯		一
字音假字用格			一
花傳書第六花修（能楽資料第一編附錄）			一

奄美大島方言と土俗	第二冊	一
年中行事 第一冊 第八冊 九・十・十四冊 第十五冊		九 不完全
天狗名義考		一
歴木園草木記		一
大字 錦繍段		一
紫藤園攷證 甲集・乙集		二
蒹葭堂百合譜		一
土州淵岳志産物編		一
理學入門 植學啓原	宇田川榕菴	一
日本医學歴史資料目録		一
輔仁英文學誌 第九期 (Bulletin No. 9 of the Catholic University of Peking)		一
大同類聚方 巻二九十四		一
袖珍菓譜 附編		一
袖珍鑑 本草綱目		二

台山歌謠集	陳元柱	一	
粤風山谷 華稽天籟		一	大破
重校神農本草（光緒丙午年）		一	
現行法律語の史的考察	渡部萬藏	一	
奇貝圖譜		二	
古文孝經私記 巻下		一	
匯朝聖憲錄補遺		一	
新刊萬病回春 巻之二		一	
古史辨 第一、二、四、五冊		四	
浮世繪新誌 第十九号		一	
[redacted]		一	不完全
諺所録		一〇	
南朝遺史		三	
金生樹譜別録		三	

金生樹譜別録　三

世説新語　十

日本農具図説図譜　一

飲膳摘要　一

黒龍江輿図説　一

郷土趣味、中一ノ四号、六、八号、十一ノ十三四号　中十五ノ一ノ十二号　中四五ノ一ノ十二（四号欠）　四二不完全

全　中四十七ノ一　五十六号　八

輔仁英文学誌第八期　Bulletin No. 8 (Dec. 1931) of the Catholic University of Peking　一

江蘇省立国学図書館第十年刊　一

郷土研究　信濃　第一、三、五、四、五、七号（第一ノ六号）　六不完全

字音便覧　伊藤東涯　一

美術新報　七、八、第一ノ一ノ七十二号　七二

引幕　四十六号　名古屋演劇書刊号　一

日本交通史　隈崎渡　二

法制史論叢 第一、二巻　中田薫　二
四角號碼検字法　王雲五　一
處海魚譜　一
小断再度目乙得 第一輯第二輯（程譯篇索引文）　一三
口語法制宣殺答書（二）　一
此花　二
中宮寺 法隆寺 大鏡 全　石田茂作　一
觀世音寺大鏡 全　東京美術學校　一
當麻寺大鏡 全　仝　一
南都十大寺大鏡　仝　三五
東瀛珠光 一～六　六
佐藤一齋と其門人　高瀬代次郎
東洋歴史大辭典　九
語[illegible]文叢書

古代支那家族制度研究　加藤常賢
東西交渉史の研究 西域篇　藤田豊八　不完全
本居宣長之哲學　田中義能
最新支那法律大辞典　石山福治
長安史蹟の研究　足立喜六
武藤教授在職二十年紀念論文集
郷歌及び吏讀の研究　小倉進平
日本紙業綜覧　王子製紙会社
服部先生古稀祝賀記念論文集
紙業提要「紙」　王子製紙会社
日本古刊書目　吉澤義則
諸大名の學術と文藝の研究　福井久藏
東洋畫論集成 上下　今関天彭
東京紙商同業組合史　山本留次

支那製紙業
日本製紙論
和紙、洋紙、パルプニ関スル調査
本邦製紙業管見
日本紙業史 京都篇
日本製紙新法
浙江之紙業
紙業界
和洋紙加工製造法
エニハムス、フット
旧岩国藩ノ製紙原料保護政策
南満洲ニ於ケル紙類
日本商始農業新論
朝鮮語学史

周彪
吉井源太郎
鉄道省運輸局
佐伯勝太郎
関根国之助
沼井利隆
浙江省政府設計会
博進社
佐頼文武
藤丸雄 訳
吉川元光
小倉進平

増訂朝鮮語學史
朝鮮語に於ける謙譲法・尊敬法の助動詞
朝鮮満洲支那[illegible]紙況[illegible]告書
竹類造紙学
ブレーク論稿
かうやがみ
日本和紙宝鑑
竹紙製造書志
紙の常識
[illegible]論文集
桜井博士古稀記念論文集
朝鮮旧書考
圖書寮漢籍善本書目
南島偉功傳

小倉進平
仝
[illegible]
山宮允
中川善教
高津太三郎
仁木吉綱
王子製紙会社
京大国文学会
三田[illegible]
黒田亮
圖書寮
西村時彦

支那歴代年表	中山久四郎
琉球諸島風物詩集	佐藤惣之助
琉球、	石環生
南島偉功傳	西村時彦
國書刊行會 出版目録	
宣和奉使高麗圖經	今西龍
朝鮮地誌	朝鮮研究社
朝鮮語讀本 一－八	朝鮮總督府
古代研究	折口信夫 二
宋本書影	日本書誌學會
日台會話大全	杉房之助
台語大成	劉克明
日本青銅器時代地名表	森本六爾
嵯峨本圖考	川瀬一馬

日鮮史話　松田甲　六

高木文庫古活字版目録

南海古陶瓷　伊東忠太

支那朝鮮古美術展観

日本農民建築　石原憲治　二、

法隆寺国宝保存工事報告書　三、

営造算例　梁思成

台湾的租佃制度　[illegible]宙

日韓、韓日言語集　趙　井田

朝鮮佛教　スタール博士

幕末年興の書状文集並解説　山岸光宣　二

孤島苦の琉球史　伊波普猷

楮及楮紙考　王子製紙

龍飛御天歌　二

聚飾録　平沙黄

朝鮮美術史　関野貞

満湖風土記　井田麟鹿

朝鮮陞廳需賢年表

張菊先生七十生日紀念論文集

朝鮮史　久保天随

礦物岩名詞

山下先生還暦紀念東洋史論文集

鮮漢文貫珠　聖經全書

明代建築大事年表

葛布帖　外村吉之助

三椏又三椏紙考

楮又楮紙考

資料14（慶應義塾用箋・十六世紀地図）

資料 14（慶應義塾用箋・十六世紀地図）

No. 1

十六世紀世界地圖上の日本	岡本良知	一
欧米に於ける支那古鏡	梅原末治	一
日支交渉史研究	秋山謙蔵	一
日本鑛物誌	福地信世編	一
日本産蛙總説	岡田彌一郎	一
貨幣精圖	大蔵省印刷局	一
日本英學史の研究	豊田實	一
草書大字典・上巻		一
増訂日本思想史研究	村岡典嗣	一
日本凶荒史考	西村眞琴 吉川一郎編	一
蜻蛉日記解環	坂徽	一
大化改新の研究	坂本太郎	一

昭和　年　月　日

慶應義塾

No. 2

墨水遺稿・碩鼠漫筆　黒川真道 校訂　一

墨水遺稿（古物語類字鈔・雛物名彙 歴代大佛師譜）　一

假名書道の研究　廣見芝香　一

明治三十八年福島縣凶荒誌　一

大和物語古註大成　一

伊勢物語 〃 〃 〃　一

榮花物語 〃 〃 〃　一

狭衣物語 〃 〃 〃　一

土佐日記 〃 〃 〃　一

伊勢物語新釋　藤井高尚　一

清少納言枕草紙抄　加藤盤斎　一

紫式部日記註釋　清水宣昭　一

昭和　年　月　日

慶應義塾

No. 3

昭和　年　月　日

落窪物語證解	笠因直麿	一
枕草紙旁註	岡西惟中	一
枕草紙春曙抄（杜園抄）	北村季吟標註 岩崎美隆旁註	一
大鏡短観抄	大石千引	一
染織文様史の研究	明石染人	一
三貨圖彙	草間直方	一
新修日本小説年表	朝倉無聲	一
日本茶道史	重森三玲	一
日本の民家 一	今和次郎	一
井上先生喜壽記念文集	巽軒会編	一
賀茂眞渕傳	小山正	一
三宅博士古稀祝賀記念論文集	大塚史学会編	一

慶應義塾

No. 4

寛政重修諸家譜	第一輯―第八輯		八
仝	總索引		一
寧楽	第十号（天平文化史論）		一
仝	別巻（仝）		一
扶桑紀年銘鏡圖説	（大阪市立美術館学報第一）	廣瀬都巽編	一
日本美術史年表		源豊宗編	一
陽春廬雑考		小中村清矩	一
日本文化史論纂		加藤玄智編	一
日本中世史論考		大森金五郎	一
西園寺公と湖南先生		安藤徳器	一
日本南國物語		竹田秋樓	一
日本平民大觀		森本角蔵	一

昭和　年　月　日

慶應義塾

No. 5

神道史　太田亮　二
美味求真　木下謙次郎　一
法律語彙　明治十六年十二月　司法省蔵版　一
財団法人 啓明會創立十年記念論文集　一
日本染織商工史　泉俊秀　一
日本社會史　滝川政次郎　一
岩瀬文庫圖書目録　一
日本美術略史　帝室博物館　一
小川博士還暦記念史學地理學論叢　一
改訂増補 日本博物學年表　白井光太郎　一
書窓雜記　徳富猪一郎　一
雨月物語 春雨物語　藤山又四郎 訳　一

昭和　年　月　日

慶應義塾

No. 6

日本工業史	横井時冬	一
ペルリ提督日本遠征記	鈴木周作 抄訳	一
日本上代染草考	上村六郎	一
聖上陛下の生物學的研究	日野巌	一
第五改正日本薬局方	内務省衛生局	一
岡倉先生記念論文集	市河三喜 編	一
植物採集便覧	松村任三	一
日本染織史	明石国助	一
日本産業発達史の研究	小野晃嗣	一
読史方輿紀要索引支那歴代地名要覧	青山定雄 編	一
池内博士還暦記念東洋史論叢	加藤繁 編	一
紅頭嶼土俗調査報告	東京帝国大学 編	一

昭和　年　月　日

慶應義塾

資料 14（慶應義塾用箋・十六世紀地図）

No. 7

東蒙古　関東都督府陸軍部編　一
満和辞典　羽田亨編　一
蒙古史研究　箭内亘　一
上代支那法制の研究　行政篇　根本誠　一
極東民族　第一巻　鳥居龍蔵　一
景印阮刻十三経注疏　附校勘記　十一冊　一
山崎直方博士所蔵　内外古地図並錦絵陳列目録　一
阿吽阿経　附録　富岡俊次郎　一
人類学上より見たる西南支那　鳥居龍蔵　一
艸書大字典　一
東洋文明史論叢　桑原隲蔵　一
明治七年生蕃討伐回顧録　一

昭和　年　月　日

慶應義塾

No. 8

大唐西域記に記せる東南印度諸國の研究　高桑駒吉　一

蒙古史論叢　第一、第二　二

蒙古學報　第一号、第二号　蒙古研究所　二

支那學藝大辞彙　近藤杢　一

中國哲學史　馮友蘭　一

滿州地名辞典　岡野一朗　一

史蹟調査報告第一　栃木縣に於ける指定史蹟　内務省　一

史蹟名勝天然紀念物調査報告　第一輯―第四輯　鹿児島縣　四

日本民俗學辞典　中山太郎編　一

補遺　日本民俗学辞典　仝　一

大日本古文書　家わけ第二　一

長崎市史　風俗編　一

昭和　年　月　日

慶應義塾

No. 9

最近の朝鮮	朝鮮總督府	一
朝鮮祭祀相續法論序說	朝鮮總督府中樞院調査課編	一
韓語文典	高橋亨	一
朝鮮の姓名氏族に關する研究調査	朝鮮總督府中樞院	一
大典續錄及註解	仝	一
續大典	仝	一
李朝法典考	仝	一
朝鮮風俗集	今村鞆	一
韓國併合顚末書	統監府	一
朝鮮語辭典	朝鮮總督府編	一
朝鮮の姓	仝	一
朝鮮神歌遺編	孫晋泰編	一

昭和　年　月　日

慶應義塾

No. 10

昭和　年　月　日

朝鮮法制史稿	淺見倫太郎	一
朝鮮文化史論	細井肇	一
朝鮮地誌資料　大正七年十二月	臨時土地調査局編	一
朝鮮社會法制史研究（京城帝國大学法学会論集　第九冊）		一
李朝實録風俗関係資料撮要		一
支那歴史地理研究	小川琢治	一
仝　續集	仝	一
東洋学叢編　第一冊	石田幹之助　石浜純太郎　編	一
假名の日本書紀　上巻	植松安	一
法制史の研究	三浦周行	一
續法制史の研究	仝	一
隨筆　鹽尻　上巻、下巻		二

慶應義塾

No. 11

平賀源内全集 上・下 入田整三編 二

東西交渉史論 上・下 史学会編 二

辞通 上・下 朱起鳳 二

伊丹風俳諧全集 上巻 岡田利兵衛編 一

能楽 第一巻上、第二巻上下、第三巻下二冊、第四巻下、第五巻上下、第六巻上下、第七巻上下、第十五巻上下、第十六巻上下 一六

古今要覧稿 第一―第六 六

法制史上より観たる日本農民の生活 律令時代 上下 滝川政次郎 二

満洲歴史地理 第一巻、第二巻（南満洲鉄道株式会社 歴史調査報告第一） 二

大増訂国史大辞典 八代国治・早川純三郎・井野辺茂雄編 増補年表、第一―五、[illegible] 附図、第一―二 五

杏林叢書 第一輯―第五輯 五

文明源流叢書 第一―第三 三

昭和 年 月 日

慶應義塾

No. 12

昭和　年　月　日

甲子夜話	第一—第三（第一、二冊）		四
仝　續編	第一—第三		三
日本基督教史		山本秀煌	一
仝	下巻	仝	一
燕石十種	第一、第二		二
續燕石十種	第一、第二		二
新燕石十種	第一—第五（第三、二冊）		六
竹取翁物語解 竹取物語考		田中大秀 加納諸平	一
支那民俗誌	第一巻、第二巻	永尾龍造	二
増訂賀茂眞淵全集	巻一—七、及巻十		八
新註皇學叢書	第一巻—第十二巻	物集高見編	一二
近藤正齋全集	第一—第三		三

慶應義塾

No. 13

頭註國譯本草綱目　第一冊—第十五冊（第十冊欠）　一四
黒川真頼全集　第一—第六　六
伴信友全集　第一—第五　五
萬葉集古義　二、三、四、六、七　九、十、十一、十二　九
萬葉集講座　第一巻—第六巻　六
日本交通史料集成　第一輯、第二輯　二
續々群書類従　第二—第十六（第十一、二冊）　一六
西南記傳　上、中、下　各一、二　黒龍会編纂　六
本朝通鑑　首巻—第十七　一八
明治文化全集　第一巻—第廿四巻　二四
橘守部全集　首巻—第十二　一三
大トルストイ全集　五　戦争と平和（二）　原久一郎訳　一

昭和　年　月　日

慶應義塾

No. 14

昭和　年　月　日

國史大系　第一巻―第六巻　欠　二一
第十三、十五、十六、十七巻

續詞、史傳、　草根集上、　草根集下、萬代集、

丹鶴叢書　八

今昔物語上、　今昔物語下、　歌文、　故實、

日本書紀春記

増訂故實叢書　三七

冠帽圖會外三種、　鳳闕見聞圖說外六種、　尚古鎧色一覧

武家名目抄第八、　貞丈雜記、　舞楽圖、全圖說、　江家次第、

禁秘抄考註、拾芥抄、　武家名目抄第二職名部下、　西宮記第一、

公事根源愚考外五種、　装束織文圖会、　武家名目抄第四居処衣服部、

武家名目抄第三稱呼部、　武家名目抄第五公介文書、歳時部、

歴世服飾考第一、　内裏儀式外四種、　大内裏圖考證第二、

慶應義塾

No. 15

昭和　年　月　日

筆の御霊 第一、筆の御霊 第二、仝附圖、安斎随筆 第一、
安斎随筆 第二、仝安斎雑考、禁中方名目抄校註外五種、
大内裏圖外二種、武器考證 第二、輿車圖考、西宮記 第二、
武家名目抄 第一 職名部上、大内裏圖考證 第一、仝第三、
本朝軍器考外四種、索引、織文圖會 第一 装束、狩衣、縫織物、
織文圖會 第二 御服部礼服、標注令義解校本 坤、
武家名目抄 第六 儀式三節部、仝第七 甲冑、刀剣、旗幟部、

日本儒林叢書　関儀一郎 編　六
（史傳書簡部、論辨部、随筆部 第一 仝第二、
解說部 第一、仝第二
増補 本居宣長全集　首巻―第十二　一三
國文 六國史　三

慶應義塾

No. 16

六國史　佐伯有義編　一一

續日本紀巻下、全巻上、日本書紀巻上、全巻下、

日本後紀、續日本後紀、文徳實録、三代實録巻上、

全巻下、索引、年表

續日本儒林叢書　關儀一郎編　三

隨筆部第一、隨筆部第二及詩文部、解説部第二隨筆部第三

大日本貨幣史　本庄榮治郎校訂　八

第二巻　本編紙幣部、本編三貨部、附録藩札部、

附録　三貨部、金座錢座部、佐渡採鑛部、雜纂部、補録、

参考　物価部、金銀価部、貿易部、　第五巻　参考、第七巻

参考

昭和　年　月　日

慶應義塾

資料 14（慶應義塾用箋・十六世紀地図）

No. 77

假名之飾辞林	上下	二
諸蕃志		一
熱河志	羅振玉著	二四
海東諸国紀		一
軍門謄録		一
經濟要録	佐藤信渕玄海著	七
つゞれの錦	渡辺華山著	一
燕京歳時記		一
宋刊本十三經注疏附校勘記		八〇
太平御覧		一三五
制勝方略		一
剪燈新話	剪燈余話	三

昭和　年　月　日

慶應義塾

五十科條対試策 五

欽定工部起分則例 八

欽定續通典 一二

欽定續通志 六四

欽定續文献通考 三六

皇朝通志 一二

皇朝通典 一二

皇朝通考 四八

鄭氏通志 六四

馬氏文献通考 四一

杜氏通典 一六

津逮秘書 一九七

昭和 年 月 日

資料 14（慶應義塾用箋・十六世紀地図）

No. 19

適園叢書	二四函	一九二
學津討原		二〇〇
大日本佛教全書		一五〇
黒龍江志稿		三二
歷代地理沿革表	四函	二四
東亜銭志	二函	一八
説文解字詁林	八函	六六
説文解字詁林補遺	二函	一六
聖徳余光列聖珠藻　記念紀元二千六百年奉祝会		二
支那歴代刑事法制ノ思想（下巻）司法省調査課		一
長崎三百年間（外交変遷事情）福地源一郎稿		一
時事新編		三

昭和　年　月　日

慶應義塾

No. 21

保麗育文録		一
評本文章軌範	中村鼎五編	三
日本風俗図絵	黒川真道編　第一輯－第十二輯	一二
慶韻定刊本景印		五
古籀篇	高田忠周著	六二
後漢書	前巻（乾）下巻（坤）	二四
愛日樓文		四
後漢書（八十巻）	第一本－第六十本（五十八、五十九欠）	五八
漢書評林（百巻）	第一本－第三十本	五〇
史記評林	百三十巻	二五
絵入好色一代女	巻一－巻六	六
鶉衣	半掃庵也有翁撰　前編後編続編拾遺	四

昭和　年　月　日

慶應義塾

No. 21

蠖園文学存　上下　二
新撰洋学年表　大槻如電著　一
大和上代寺院志　保井芳太郎著　一
宋元以来俗字譜　劉復・李家瑞編　一
日本古文書学　中村直勝著　一
日華文通ノ起原　日華協会編　一
真宗綱要　鈴木法琛著　一
支那歴代刑事法制ノ思想上巻（司法資料第百七十七号）　一
蒙古学第一冊―第三冊　善隣協会　三
朝鮮語ト日本語　小倉進平著　一
浮世絵　二四、二五、二七、二八、二九、三一、三九、四十号　八
藝苑名言　巻一―巻八　四

昭和　年　月　日

慶應義塾

No. 22

寶生
第一巻　一、二号　一二
第二巻　一｜十二号　一二
第三巻　一｜十二号　一二
第四巻　一｜十二号　一二
第八巻　一｜十二号　一二
第十一巻　一｜十二号　一二
第十二巻　一｜十二号　一二
第十三巻　一｜十二号　一二

謡曲講座　一｜十二　一

第二期　一｜十五　（一）〜七

昭和　年　月　日

慶應義塾

No. 23

謡曲界

第六巻 一一六号
第七巻 一一六号
第十一巻 一一六号
第二四巻 一一六号
第二五巻 一一六号
第三二巻 一一六号
第三五巻 一一六号
第三八巻 一一六号
第三九巻 一一六号
第四十巻 一一六号
第四十一巻 一一六号
第四十二巻 一一六号

八四

昭和　年　月　日

慶應義塾

No. 24

読世界	第四十三巻 一—六号	
	第四十四巻 一—六号	
観世	第一巻 一—四号 第一輯—第四輯	四
	第二巻 一—十号	一〇
	第三巻 一—十二号	一二
	第四巻 一—十二号	一二
	第五巻 一—十二号(四欠)	一一
	第六巻 一—十二号(一欠)	一一
	第七巻 一—十二号(三欠)	一一
	第八巻 三—六号及九・十二号	六
	第九巻 二—六号及八・十・十一号	八

昭和　年　月　日

慶應義塾

No. 25

書名	著者等	冊数
正倉院志 一	大村西崖	一
丹鶴圖譜		一
洗硯録	井上清一	一
今昔較 上下	岡三慶	二
聊齋志異評註		八
學古發凡		六
宕陰存稿	鹽谷世弘	六
說文解字	許慎	四
御定駢字類編		四八
新編武藏風土記稿		八〇
淮南子		六
新刻釋名	明暦弐年	二

昭和　年　月　日

慶應義塾

No. 216

農具便利論	大蔵永常	三
日光山志	植田孟縉編	五
梭䴩新義 上下	杜定友	二
百萬小塔肆攷 附圖		一
康熙字典 卯集 上中下		三
仝 戌集 仝		三
仝 寅集 仝		三
仝 辰集 仝		三
仝 午集 仝		三
仝 未集 仝		三
仝 子集 仝		三
仝 亥集 仝		三

昭和　年　月　日

慶應義塾

No. 273

康熙字典	巳集　上中下	三
仝	丑集　仝	三
仝	酉集　仝	三
仝	申集　仝	三
仝	康文、凡例　外	五
用捨箱	柳亭種彦翁随筆　天地人	三
陳氏中西回史日曆		五
兩周金文辭大系圖錄	一　郭沫若	五
涵芬樓秘笈	第一集――第十集	八〇
穴居考（博物叢書）	黒川真頼	一
古事記の「ミコト」の研究	生田耕一	一
高麗史節要（朝鮮史料叢刊第一）		二四

昭和　年　月　日

慶應義塾

No. 28

昭和　年　月　日

日本書紀通釋	飯田武郷	六
本草（一ト二六）		五
國語科学講座　附録「国語」共		一三
図書館学季刊（一至六、九至一〇）		八
鹿児島太平くばこさ		一
本草正正譌刊誤		一
食物和歌本草		三
秘傳花鏡		六
本草和名		一
温古齋叢志		一
琉璃廠書肆記		一
救荒本草記聞		二

慶應義塾

No. 29.

救荒本草會誌	一
本草摘要	一
徽衍考	一
本草綱目補物品目録	二
高階氏薬品會目録 内藤氏薬品會目録	一
藝芸書舎宋元本書目	一
盾楼唱和	一
高野長英全集	四
高野長英傳　増訂版、	一
昔話研究　第一巻（昭和十三二）	一
小丸なし、研究（第一冊、第二冊）	二
千草の根ざし	一

昭和　年　月　日

慶應義塾

No. 30

昭和　年　月　日

名物六帖	二八
隋経籍志考證	四
蒹葭堂雑録	五
増廣太平恵民和剤局方	三
二物考	一
補饑新書	一
壽穀ニニレ草	一
救荒植物集説	一
救荒孫の杖	一
救饑提要	一
救荒郎論	一
饑年要録	一

慶應義塾

No. 31

蕾ぐさ	一
農務補記録	一
五雑画蔵	二
郷備録急	一
即薬方書	一
天学　自一至三号（昭和六至八）	二
日新会写生	一
備忘録録	一
食物歌本草大成	一
神農本注	一
錦葉類九十賀寿　博物会誌	二
秋野七草考	一

昭和　年　月　日

慶應義塾

No. 32

昭和　年　月　日

陽春菜品體用	二
食物傳信纂	三
士礼居藏書題跋記	四
本草真詮	一
養蚕家傳集	一
黍稷稻粱辨	一
海錯百一錄	二
花のつみ考	一
古事記裏書注之　附解説	二
民國十七年條約	一
草木子	二
本草摘要	一

慶應義塾

資料 14 （慶應義塾用箋・十六世紀地図）

No. 33

草木子 四
牛痘弁彙 一
獣鑑 一
凶荒図録 一
本草詩箋 四
大和本草　蘭山校正 五
本草備要（坊刻）　外二冊 六
増補食物和歌本草 七
采雅（田安宗武編） 四
物品目録 二
本草原纂 一〇
蜀本草 一

昭和　年　月　日

慶應義塾

No. 34

小品考	一
西夏官印集存	一
用薬須知	一〇
本草正譌	六
松名類聚抄	五
多羅葉略記	一
神農本草経　攷異共	三
神農本草経解故	三
本草附録考	一
松はぎの譜	一
大同類聚方	一
広大和本草	一二

昭和　年　月　日

慶應義塾

No. 35

昭和　年　月　日

竹とり物語（挿入）	二
竹取物語抄	二
竹取物語俚言解	一
竹取物語考	一
天和版	一
補纏余録	一
山水大門	一
経典題説	一
日本書籍考	一
本草衍義	三
本草便読	四
草木の執事	一

（経典題説・日本書籍考）全帙

慶應義塾

No. 36

本草会物品目録　一

藝苑巵言　四

麗藻一　四

秘巻叢　一

萬病回春名物考　一

医事啓源　一

宜禁本草集要歌　一

救荒野譜補遺　一

草木子　二

本草思辨録　四

犀角考　二

納豆考　一

昭和　年　月　日

慶應義塾

資料 14 (慶應義塾用箋・十六世紀地図)

No. 37

昆虫艸木略 二

六八本草 二

木心遊采(三十八枚一紙) 一

草木性譜 附有毒草木図説 五

桂園橘譜 二

茶花譜 一

草木弁疑「序目凡例」共 四

盆栽図解 一

本草花葉玫 一

近江物産志 二

櫻草律讀 二

本草征新 四

昭和　年　月　日

慶應義塾

No. 38

増訂本草附方	四
庖厨備用倭名本草	六
福草考	一
本草啓蒙名疏	八
本草要正	八
泥蘭画草本略	一
薬草略譜	二
番椒譜　附図共	二
本草和名鈔	二
經史證類大觀本草　附本草衍義及大観本草札記	二〇
重訂本草綱目啓蒙	二〇
本草綱目拾遺	一〇

昭和　年　月　日

慶應義塾

No. 37

本草綱目拾遺	一〇
閩書南産志	二
大同類聚方薬名略解	二
曽槃堂薬園擷録	四
大同類聚薬名解	一
蘭山遺書薬名考	二
古方薬議　続篇一冊共	六
傷寒論集成　首巻共	一〇
疔瘡辨名	一
漢洋病名対照録	一
病名彙解	七
琉球文字見聞録	八

昭和　年　月　日

慶應義塾

No. 40

古語拾遺示蒙節解　四
高野山通念集　一〇
藏書紀事詩　六
儒學警悟七集　八
袁中郎全集　三
御教條　琉球版　一
旭山先生文會録　一
支那數學史略　二
加佐之伎考　一
鶴蝨攷　一
格致鏡原　三二
大同類聚方　一五

昭和　年　月　日

慶應義塾

No. 41

昭和　年　月　日

本草纂要　五至七（一冊）欠　四
救荒野譜釋義　一
贈従五位　畔田翠山翁傳　一
夢溪筆談（汲古閣本）　四
仝　四
物類称呼　五
仝（安永版）　五
桑芳随筆　一六
少室山房筆叢　一六
竹取物語俚言解　二
五十萬巻樓藏書目錄（初編）　二二
今昔物語　三〇

慶應義塾

No. 42

昭和　年　月　日

御成敗式目	慶長一二刊	一
仝	慶安三刊	一
仝	慶安四刊	一
衆華詞語詳解		一七
本草序例	元和六刊	一
仝	寛永一六刊	一
新修本草（四、五、十二至一五 一七、一八、一九、二十）		一〇
小爾雅		一
小爾雅疏		二
増廣本草綱目		二四
桂攷		一
食物能毒編		一

慶應義塾

No. 43

昭和　年　月　日

錦窠翁米賀会誌　二
別号索引　一
能毒図解大成　二
蘭学佩觿　一
増補手板発蒙　一
前水湯山手引　一
経録鏡源　一
正斎書籍考　三
顧考品　一
怡顔斎桜品　一
土佐紙業組合試験標本　一
製葛録　一

慶應義塾

No. 44

昭和　年　月　日

葡萄培養法摘要	一
救荒本艸（異本）	一
百世草	一
詩経名物辨解	四
御膳本草　琉球古字本	一
本草正正譌	一
正続博物志	四
三農記	一〇
竹取物語文段摘	一
詩経大義	二
詩山書院志	五
鄰交徴書	六

慶應義塾

資料 14（慶應義塾用箋・十六世紀地図）

No. 45

昭和　年　月　日

目録学　二
櫻花百絶　一
正字通作者辨　一
手爾葉大概抄傳來　一
古方薬説　一
皇和薬品出産志　一
本朝医家古籍考　一
楓考　一
駢字分箋　一
日本古代文字考　二
老解老　一
医賸　三

慶應義塾

No. 46

昭和　年　月　日

弇州読書後	四
救荒野譜 救荒本草	四
日本山海名産図会	五
扶荒本草 救荒本草譜	六
本草薬名備考和訓鈔	七
飢饉之節食料ニ成ル草木	一
本草類函選	二
本草綱目指南	一
六書三国薬名方言考	一
紫花物語	九
神遠方	三
華夷花木鳥獣珍玩考　異本一冊共（表紙ニハ華夷草木考トアリ）	一二

慶應義塾

資料 14（慶應義塾用箋・十六世紀地図）

No. 47

昭和　年　月　日

本草簡便　三
質問本草　五
怡顔斎蘭品　二
尾州薬品会目録　一
攄漢薬品会目録　一
躋壽館薬品会目録　一
天工開物　三
薬徴　六
日本製品図説　五
秇苑日渉　一二
顕鏡易解（大全）　五
謡曲百番　二〇

慶應義塾

No. 48

日本國字勅語孝経微辭	一
山陽一斑	五
春秋左傳雕題略	六
蒙傳要略	二
中國語講習課本（椎木辭）	一
國語羅馬字 常用字表	一
漢字要覽	一
教育上より見たる明治の漢字	一
増補 華語跬歩	一
兩忘紀聞	二
日本対外小史	一
豊栄の光	一

昭和　年　月　日

慶應義塾

資料 14（慶應義塾用箋・十六世紀地図）

No. 49

昭和　年　月　日

印度支那要覧	一
南華字典	一
安南史	一
安南史概要	一
廣字和音	一
遺蕃錄	二
中法外交史（新時代史地叢書）	一
文心雕龍（四部備要）	四
南唐書（全）	二
國語（全）	六
史通通釋（全）	八
渭南文集（全）	八

慶應義塾

No. 50

胡椒一味重宝記	一
妙菓新撰胡椒考	一
螢雪軒叢書	一〇
蠶務問答	三
近世名医傳	三
渡辺華山 忠孝血涙譚	一
紹興校定經史證類備急本草 附解題	六
増廣太平恵民和剤局方 序目録一冊附	一二
蘐園叢書	一六
傳藤原公任 金澤本萬葉集	二
日本固有草木染色譜	一
坪井 竹類図譜 解説共	二

昭和　年　月　日

慶應義塾

No. 51

本艸綱目	二九
本草述	一六
本草経百種録	三
日本訪書志	八
和蘭薬性辨	五
能吾所好	一
太平寰宇記	三六
新集蔵経音義随函録	二〇
字彙	一〇
正判字様事類考	一
學海類編	一二〇
一 蕙齋集古録	二八

昭和　年　月　日

慶應義塾

No. 52

昭和　年　月　日

宋史新編（本目録共）	六五
持靜齋書目	六
經籍訪古志初稿本	二
蘭軒雜攷	一
南洲翁謫所逸話	一
藝花集說	一
藥雅	一
令義解	三
閩產錄異	四
庫方二氏藏甲骨卜辭	一
錦茶釋葉、纂茶隨志節錄	一
廣益本草大成（題簽ニハ「和語本草綱目」トアリ）	二〇

慶應義塾

No. 53

書名	版	冊数
支那書畫名家辭傳 姓名索引（一冊）付		一三
語名紀集		一
増訂本草備要		二
本草果品記 / 製剤記	永禄五年版	一
如亭山人 詩本草		一
詩本草		一
和歌食物本草	寛永七年版	一
薬籠本草		六
医籍考	影印 民国二五	四
全	昭和八至一〇	八
物類品隲		六
鮮文天路歴程		二

昭和　年　月　日

慶應義塾

No. 54

昭和　年　月　日

日本國現報善悪霊異記	一
勅版集影	一
をしへぐさ	一
唐衆新編	五
江寧棲霞寺古塔釋迦八相石刻搨本	八枚
瓶花図彙　元禄十一年版	二
新修本草　解説付	六
新修本草獸禽部　巻第十五	一
康熙帝御製耕織図	一
石山寺經選	一
金澤文庫本図録	二
金澤遺文	三

慶應義塾

No. 55

校注項氏歴代名瓷図譜	一
有竹齋蔵古玉譜	二
嚢古廬叢書	七
孝経善本集影	一
富岡文庫善本集影	一
皇紀二千六百年記念 国史善本集影	一
新編諸宗教蔵總録 解説付	三
高野山古経聚粋	一
文淵閣蔵書全景	三
寧楽古経選	三
高麗続蔵雕造攷	三
西域画聚成 附録及解説共	三

昭和　　年　　月　　日

慶應義塾

No. 58

昭和　　年　　月　　日

永樂大典　附現存巻目表　二

景德鎮陶磁集成　一

御物上代染織文　二

五經訓解（四冊欠）　明刊本　八

國朝金閨詩錄續集　四

本草綱目　三八

花譜　五

外科正宗　四

參加倫敦中國藝術國際展覽會出品圖說　四

秘傳花鏡　六

水產俗字集　一

稀局記
鳥名便覧　一

慶應義塾

No. 57

古今著聞集　元禄三年版　一〇
経済救草（題簽ニハ「麁食救草」トアリ）　一
かさもの　一
仝　一
仝　一
西廂記　二
本草述鉤元　一二
近畿墓年図録　一
高槻發見　切支丹文書　一
重訂解體新書　序、附言、附録共　一三
留青新集　三二
竹取物語析義　一

昭和　年　月　日

慶應義塾

No. 58

古今僞書考	一
毓史	三
欽定献通考	一二〇
古琉球[illegible]	二
中山世譜	一
琉球状	一
沖縄縣輸出重要品調査報告	一
琉球景況概略	一
琉語易理哲学	一
琉球志略	一
沖縄縣農林業概況	一
琉球表へ異國船來往風聞書	三

昭和　年　月　日

慶應義塾

No. 59

シマの話 八重山島民謡誌 一
古琉球の政治 一
琉球人名考 一
東韓事略 琉球事略 一
南嶋志 一
中山聘使略 一
仝 一
琉球雑話 一
琉球と為朝 一
琉球と竹刈 一
琉球談 二
仝 一

昭和　年　月　日

慶應義塾

No. 60

昭和　年　月　日

書名	冊数
婚姻習俗（奄美大島）	一
琉球展覧会目録	一
沖縄志　一名　琉球志	五
沖縄対話	二
中山伝信録	六
仝	六
琉球地理志	一
琉球漂着考	一
琉球人参府武末呼立　御觸写	一
沖縄志	三
沖縄群島概況	一
中山世譜	一

慶應義塾

No. 61

南島雑話　補遺篇　失	二
琉球攻薩摩軍談	一
琉球古来の数学	一
算用枚（琉球算法）	一
琉球藩史	一
南島史考	一
琉球新誌	二
榮え行く農民	一
琉球の地割制度（史学雑誌　三九・五）	一
語彙を中心とせる琉球語の研究	一
日本支那　琉球記聞　初篇	一
琉球傳説（第一巻　第四巻　第五巻）	三

昭和　年　月　日

慶應義塾

No. 62

昭和　年　月　日

沖縄縣宮古島々費輕減及島政改革請願書	一
琉球人種論	一
琉球史の趨勢	二
琉球の史的管見	一
薩南十島管見（十島叢書第一編）	一
十島問答	一
偉人傳（沖縄教育第六四号）	一
啓明会第十五回講演集（琉球史概観其他）	一
沖縄の人事法制史と現行人事法改正意見（司法研究第四輯）	一
沖縄縣人物風景寫真帖	一
沖縄風俗図會（風俗画報臨時増刊）	一
沖縄縣土地整理紀要	一

慶應義塾

No. 63

那覇築港誌 一

糖業より観たる沖縄 一

琉球見聞録 一名廃藩事件 一

沖縄縣写真帖 第一輯 一

奄美大島史 一

採訪南島語彙稿 第一篇 一

沖縄語典 一

奄美大島方言と土俗 第一冊 一

琉球方言資料 一

琉球語便覧 一

沖縄廃藩事情 一

琉球聖典 おもろさうし選釋 一

昭和　年　月　日

慶應義塾

No. 64

昭和　年　月　日

おもろさうし		一
瀕死の琉球		一
琉球處分		二
琉球新誌	図共	三
琉球入貢紀略		一
南島紀事	外篇共	五
琉球國志略		六
意見書		一
琉球國外交録		一
琉球靜謐記		一
薩摩軍記		三
沖縄雪冤帖	第二稿	一

慶應義塾

No. 65

助字辨略	五
班荊閒譚	二
金醫閒家　外篇三冊共	二一
令義解（温古堂蔵版）	一〇
令集解	二二
加賀國物産書上帳	二
桃洞遺筆	六
御製耤耕織図	二
八丈嶋物産志	二
左氏百川学海	三二
唐土名勝図會	六
列仙全傳	八

昭和　年　月　日

慶應義塾

No. 56

蔡先生寄古籀篇建首檢字　一帙　一
古籀篇刊行始末　一
増補點註國史略　二
世說音釋　五
新編鎌倉志　一二
右文故事　六
江戸時代初期繪入本百種　二
本朝畫史　五
琉球談　一
八重山島農業論　一

昭和　年　月　日

慶應義塾

No. 67

欟齋雜攷	二
袁中郎全集	一二
日本古義	五
令講義	八
本草指南	六
殷契卜辞	三
歴代著録畫目	六
世説新語	六
直斎書録解題	六
周憲王救荒本草	八
淵鑑類函	一三〇
雙梅景闇叢書	五

昭和　年　月　日

慶應義塾

No. 68

本朝高僧傳　三二
五車韻瑞　四九
説郛　四〇
令義解（難波宗建自筆書入本）　五
仝（慶安三年刊・正親町家旧藏本）　一〇
仝（鎌倉重賢自筆書入本）　一二
通雅　八
貞丈雜記　三二
令義解（桜園書院藏版）　一〇
藏書百詠　一

昭和　年　月　日

慶應義塾

資料 14（慶應義塾用箋・十六世紀地図）

No. 69

獸経	一
李文忠公奏議	二〇
能毒	一
補遺・飲膳摘要	一
日本物産字引	一
穀菜雌雄辨	一
（千品考）救荒本草鈔録	一
元秘史譯音用字攷	一
経典穀名考	三
和律	三
今和花膝家唐土丹	三
螢雪軒論画叢書	六

昭和　年　月　日

慶應義塾

No. 70

謠曲・地拍子研究之栞	一
侯鯖一臠	五
増補・古方藥品考	五
南山俗語考	五
音曲・玉淵集	一
絲繍筆記	一
秋野七草考	二
鍥木文字考	一
蘭療藥解	一
小學考目録	一
敦煌零拾	一
書林清話	五

昭和　年　月　日

慶應義塾

資料 14（慶應義塾用箋・十六世紀地図）

No. 71

昭和　年　月　日

鴉片事略　一
本草序例抄　七
夢溪筆談　四
仁和寺諸院家記附餘并　四
鬼谷子　二
西行堂集・次記「西行堂中興志」前序同　一
西行堂中興志・前記「西行堂集」之内序同　一
世説逸　一
世説新語補考補遺　一
敦煌隨筆　一
朝鮮賦　一
古更方答　一

慶應義塾

No. 72

六物新志	二
野菜博録	三
彝山書院志	四
本草通串証図抄録	一
流虬百花譜	一
錦窠翁耋莚誌	一
琉球人来朝記	三
令義解（三・五・六・七 八・九・十）近藤芳樹書入本	七
標注令義解校本（一・七・八 九・十）近藤芳樹自筆草稿	五
華陽皮相	三
土左日記考証	二
竹取翁物語解	六

昭和　年　月　日

慶應義塾

No. 73

華夷譯語	一
職原鈔	二
假字考	二
雨月物語	三
記事珠	四
古文旧書考	五
本草彙考	二
酉陽雜俎	四
漢字三音考	一
悉曇字記	一
日本霊異記	三
滿洲文學興廢攷	一

昭和　年　月　日

慶應義塾

No. 7 ℃

支干考	一
十二月和名考	一
酒古名考	一
二物考	一
六八本草	一
文政年代讀書室物産會目録	一
閩中海錯疏	一
珍藏醫書類目	三
本草補珍鑑	二
学庸新義	一
図註本草原始	八
經傳釋詞	四

昭和　年　月　日

慶應義塾

No. 75

中華大字典	四
國立中央研究院・歴史語言研究所集刊	七
書道全集	二七
植物學雑誌	一〇
敦煌石室碎金	一
金文抱朴子	八
元西湖書院書目	二
黄老合編	二
怡顔斎菓品	一
剪燈新話	二
剪燈餘話	三
駱駝考	一

昭和　　年　　月　　日

慶應義塾

No. 26

昭和　年　月　日

日本戯曲全集 第四十四巻、現代篇第十二輯 一
仝 第十三巻歌舞伎篇第十三輯 一
温知叢書 第一編第四、五、七、十二編 五
藤陰山房叢書 四 一
椿説弓張月 五
華山全集 第一巻 一
天心全集 (The Heart of Heaven) 一
本邦古代氏姓の研究 井上久米雄 一
改訂嬉遊笑覧 上・下 喜多村信節 二
和蘭文典後編成句論 一
西人論中國書目 法國考狄編 五
英文華道 ジンヂー シンダー 一

資料 14 （慶應義塾用箋・十六世紀地図）

No. 77

日本名筆全集　一六
淮南舊注校理　三
楮祖神社之記　一
世説新語 附世説新語補　一二
桐城呉先生評点唐詩鼓吹　二
日本國志　一〇
單上目録　一
社倉勧喩　一
明律考　二
講令備考　二〇
言解四書　七
顧氏文房小説　一〇

昭和　年　月　日

慶應義塾

No. 78

中外新聞　第十三号　一

和讀要領　上中下　三

天変地異　二

茶道筌蹄四之後篇　三　二

明治廿五年高知縣統計書　一

竹取物語考　附絛里圖帳考　枕詞考　一

任子内釋譜　一

現代支那人名鑑　一

陰名考　一

賣春婦異名集　一

塩鉄論　二

時門記　一

昭和　年　月　日

慶應義塾

No. 79

好色本解題	一
司法研究 第十四輯	一
俳世話筋秘曲 坂元雪鳥傳	一
能謡語彙	一
能楽謡曲大辞典	一
仝 附圖	一
製紙業技術官協会々報 第二号	一
徂来問答書	三
野符	二
評論新聞 第三十七号	一
太政官日誌 明治亥年 第七号及五十八号	二
新聞雑誌 第廿四号	一

昭和　年　月　日

慶應義塾

No. 80

- 琉球展覧会出品目録　一
- 琉球行列　一
- 禁止本書目　一
- 慶長以来諸家著述目録　三
- 明治文献目録　一
- 享保以後大阪出版書籍目録　一
- 天理図書館図書分類目録　自第一篇至第三篇　一
- 書目答問補正　一
- 岩瀬文庫図書目録　一
- 拓務省図書概目録（和漢書部）　一
- 楷著書屋図書目録　一
- 貞軒先生旧蔵書目録　一

昭和　年　月　日

慶應義塾

No. 81

芥子園畫傳三集　四

芥子園畫傳　三

卜養狂歌集　二

沖縄志　三

續日本後紀纂詁　一

南島雜話　一

仝　補遺篇　一

南島夜話　一

琉球史の趨勢　伊波普猷　一

沖縄志略　一

傳説補遺・沖縄歴史　島袋源一郎　一

琉球人名考　一

昭和　年　月　日

慶應義塾

No. 82

列去記　解説共	四
神宮上続記	四
好古小録	二
好古日録	二
いろは字原考　森立之	一
神農本草経	三
茶註	二
北窗瑣談	八
骨董集	四
菩多尼訶経	一
社会私議	一
芥子園畫傳二集	四

昭和　年　月　日

慶應義塾

No. 83

彰考館圖書目録　一
圖書館學及書誌學関係文献合同目録　一
東洋文庫地方志目録　支那、満洲、台湾　一
官板書目　一
燕京大学圖書館目録　初稿　類書之部　一
小田切文庫目録　一
東方文化学院京都研究所漢籍目録　一
南葵文庫藏書目録　一〜二　二
狂歌書目集成　菅竹浦撰　一
讀律書屋所藏　御成敗式目目録　一
和漢本草圖書展覧会目録　一
清代文集篇目分類索引　一

昭和　年　月　日

慶應義塾

No. 84

文机談　解説共　六

新成簣堂叢書　第一冊～第五冊　五

青洲文庫古板書目　一

維新前後外國語圖書目録　一

昌平学所藏宋元板書目　一

杏雨書屋圖書假目録　全　一

仝　第二編　一

藏書印譜　一

續藏書印譜　一

支那書籍解題　書目書誌之部　一

一誠堂古書籍目録　一

静嘉堂文庫圖書分類目録　一

昭和　年　月　日

慶應義塾

No. 85

昭和　年　月　日

法華経音訓　解説共　二
金句集　解説共　二
長崎紀聞　二
宝物集巻第四
元興寺縁起　（以上二点）二
図書寮宋本書影　一
麗言攷
龍歌故語箋　（以上二点）二
唐太和上東征伝　解説共　二
色葉字類抄　上、中、下、及攷略　四
活版経籍考　一
倭名類聚抄　一

慶應義塾

No. 86

書名	冊數
國朝書目 宣覽政三	一
西夏國書略說	一
西遊錄	一
視志緒言	二
夢醒真論	一
潮汐二字考	一
屠蘇考 花附錄	一
女眞譯語	二
序論編年錄讀例	一
山海經	七
天工開物	九
說文匡鄦	一

昭和　年　月　日

慶應義塾

No. 87

説文闕義箋　一
説文解字研究法　一
（以上）一帙
世説新語補　一〇
屠蘇考　一
室名索引　一
耋筵小牘　一
山海經箋疏　四
木瓜考　一
菌蕈図譜　六
世説新語補考　二
開有益齋讀書志　六
日本釋名　三

昭和　年　月　日

慶應義塾

No. 88

昭和　年　月　日

永樂大典	五
慶長勅版・日本書紀（複製本）	一
長恨歌・琵琶行	一
後陽成天皇勅板長恨歌琵琶行解題	一
博物志	一帙
景印阮刻・十三経注疏（附校勘記）下冊	四
文献蒐載（明治聖徳記念学会紀要別冊）	一
類聚・近世風俗志（喜田川守貞著）	一
西南戰闘日注	一
日本文學者年表（續篇）	一
日本奴隷史（阿部弘藏著）	一
本邦教育史概説（吉田熊次著）	一

慶應義塾

資料 14（慶應義塾用箋・十六世紀地図）

No. 89

増訂古畫備考（四帙）　一九

文藝類纂　全（榊原芳野編）　八

経済要録（明治三十一年刊）　七

心静興長　一

藝苑叢書（五帙）　五九

蕪村印譜　一

椿山崋山隆古靄厓書畫譜（上下）　二

崋山画譜（上下）　二

暦（加賀掾直傳）　一

西鶴作浄瑠璃「暦」解題（一帙）　一

指微韻鏡私　一

指微韻鏡私抄略解説（一帙）　一

昭和　年　月　日

慶應義塾

No. 50

大梅夜話　一
大梅夜話解説　一
月江和尚録　一
白隠和尚垂示　一
酒餅論　一
櫟翁禅説　一
戸田左門覚書　一
國立北平図書館方志目録　四
古今図書集成分類目録　一
蔵書紀要（大正二年刊）　一
柳田国男先生著作目録　一
研究調査参考文献総覧（波多野賢一・彌吉光長共編）　一

昭和　年　月　日

慶應義塾

No. 91

東洋文庫朝鮮本分類目録　一
京都図書館和漢図書分類目録（歴史地誌之部）　一
仝（社会産業之部）　一
仝（法政経済之部）　一
尊経閣文庫加越能文献書目　一
金沢文庫古書目録　一
近世漢学史（久保得二述）　一
弘文荘待賈古書目（第八号）　一
仝（第十三号）　一
日本建築史図録（天沼俊一）　五
大日本人名辞書（新訂版）　五
古事類苑　六〇

昭和　年　月　日

慶應義塾

No. 92

成形図説（九帙）　五五
櫻品　一
詩本草序芯堂草稿　一
本草沿革攷（岡本保孝稿）　一
生産道案内（小幡篤次郎譯述）（上下）　二
學者安心論（福澤諭吉著）　一
補遺・飲膳摘要　一
世界国盡　一
初學人身窮理（上）　二
（下）全　二
訂正・国史畧　二
三国遺事　二

昭和　年　月　日

慶應義塾

資料 14（慶應義塾用箋・十六世紀地図）

No. 93

Catalogue of The Asiatic Library of Dr. G. E. Morrison:	1.
Bulletin de la Kokusai:	1.
Henry Lester Institute of Medical Research	1.
〃 〃 〃 Annual Report	6.
1934, 1935, 1936, 1937-38, 1939, 1940.	
Report, by Consul-General Hosie on the Province of Szüch'uan	1.
Landscape Gardening in Japan Conder, J.	1.
A Catalogue of the Möllendorff Collection	1.

昭和　年　月　日

慶應義塾

No. 94

小山林堂書畫文房図録（市河米庵著） 10
雲荘印範（木村鉄盱編） 8
米家書訣（米芾著） 1
皇朝名畫拾彙（檜山義慎輯） 5
本朝畫史（狩野永納著） 6
仝上 〃 5
畫譜叢刊（于海晏編） 6
朝鮮解語花史（李能和著） 1
端溪硯史（呉蘭修編） 4
筆史（梁山舟著） 1
硯箋墨録（高似孫著） 1
端溪硯坑考 附石隠研談 墨餘贅稿（石濤編） 1

昭和　年　月　日

慶應義塾

No. 95

紙筆十二図（才藤深著） 1
文房四譜（蘇易簡著） 2
米庵墨談 続（市川米庵著） 6
紙業経歴苦心談（中内丈太郎著） 1
土佐紙業組合規約（土佐紙業組合編） 1
手漉和紙（大西虎猿著） 1
蜀箋小譜（鄭卓著） 1
安藝三郎左衛門（土佐紙業組合編著） 1
土佐紙業一斑（〃） 1
日本古紙展観目録（書苑会編） 1
蒟紙製法新書（宇藤才次郎著） 1
日本古紙展観目録（書苑会編） 1

昭和　年　月　日

慶應義塾

No. 96

昭和　　年　　月　　日

紙の元歌目録（藤松堂書店古典部編） 1
新撰紙鑑（木村青竹編） 1
仝上（〃） 1
仝上（〃） 1
仝上（〃） 1
土佐紙業組合規約（土佐紙業組合編） 1
土佐紙業一斑（土佐紙業組合編） 1
紙漉躑躅狂言（奇峰子 東洋史 譯述） 1
慶長以来小説家著述目録（中根肅治編） 1
觀國論 附尾 1
徳川幕府時代書籍考（牧野善兵衛編述） 1
世ゟうけと 附解説（昭二一刊 明治文化研究會編） 2

慶應義塾

No. 97

淨土教古活字版図録（藤堂祐範編著）	1
花洛銘酒鑑（東生編）	1
辞源（商務印書館編）	134
廣東新語（屈大均著）	10
新編藏漢小辞典（黎明民学編）	2
新字典（朝鮮光文会編）	1
漢蔵合璧分解名義大集（飜訳名義集）（青海省蔵文研究社編）	4
理気先後説（野田剛斎著　池上幸二郎訂）	1
仁和寺座秋略譜	1
隔韓論（塩谷世弘著）	1
考範（植謙著）	1
名疇（皆川淇園著）	6

昭和　年　月　日

慶應義塾

No. 98

昭和　年　月　日

宋四書（張昭尊著 王晉升註）	4
女孝経（鄭氏著）	1
新纂決科古今源流至論（鄭世魁著）	5
詩宗政（申暉著）	7
仏説大報父母恩重経（朝鮮觀本）	2
淮南子	10
香園随筆（細川潤次郎著）	3
燉煌掇瑣	6
三才彙編（聯経什編 顧理美補）	6
江蘇省立国学図書館図書総目（王保譿撰）	30
鉄琴銅剣楼蔵書目録（瞿氏家塾刊本）（瞿鏞編）	10
仝上（誦芬室刊本）	10

慶應義塾

No. 99

故宫殿本書庫現存目（陶湘編） 3
故宫所藏観海堂書目（何澄一編） 1
叢書書目彙編（沈乾一編） 4
季滄葦藏書目（季振宜編） 1
靜嘉堂秘籍志（河田羆編） 25
愛日精廬藏書志（張金吾編） 8
國立北平図書館善本書目録類（蕭璋編） 2
皕宋樓藏書源流攷（島田翰著） 1
古今偽書考攷釋（金受申著） 2
四庫提要辨證（余嘉錫著） 6
宛平縣誌（于宝峰編） 6
滿洲老檔秘錄 2

昭和　年　月　日

慶應義塾

No. 100

武仙傳仙	2
續修台湾府誌一（六十七年編）	12
大宮司大中臣長則記（一）	1
有徳卿記	1
實記	1
大外記中原師右記	1
正應五年外記日記	1
醍醐大成附姓氏録（上村玄剛編）	3
英廟御製	3
華語類抄	1
琉球詩録（林世功著）	1
古琉球詩（稿本係有則著）	2

昭和　年　月　日

慶應義塾

資料 14（慶應義塾用箋・十六世紀地図）

No. 101

書名	冊数
畫工便覧	6
仝上（新井白石著）	1
服忌令撰註分釋（加藤沂峯撰）	6
法隆寺宝物考證（栗原信充著）	1
田能村竹田（大縄文郎著）	7
光悦別傳鷹峰錦韻（香田清之助著）	1
君台宮飾叢（東亜君台宮会、東方君台宮協会編）	2
天朝畫談（五十嵐篤好著）	5
漢畫独稽古（君山著）	2
土佐紙見本帖（土佐紙業組合編）	1
紙譜	1
本邦産和紙標本（土佐紙業、研究社編）	1

昭和　年　月　日

慶應義塾

三椏培養新説（拝原見重著）
防長造紙史）（御薗生翁甫編）
和紙製造大綱，（西村重一著）
製紙改良栽楮全書（関桑龍吾郎著）
一壺亭茶話（近藤楮作著）一
紙楮仕立方記録
製紙法（石井研堂著）
駿王紙業（中村直次郎編）。
越前紙漉図説（小林忠蔵著）
越前産紙考（叔田宗助著）
三椏培養新説（林原見重著）
雁皮栽培録（仝上）

昭和　年　月　日

慶應義塾

No. 103

土佐紙業組合見本帖（土佐紙業組合編） 1
土佐紙業株式会社沿革（土佐紙業株式会社編） 1
和紙談叢（1）（関本正人編） 1
紙漉重宝記（國東治兵衛撰） 1
美濃紙抄製図説．縮写本（関本正人編） 1
播州三條紙漉方之記 1
閑部小言（木橋訓庵著） 4
神獣宝鑑（半井直道編） 2
百萬塔陀羅尼考證（花臥耕科著） 1
琉球神道記（弁蓮社著） 2
仝　上　複製本 2
琉球入貢紀略（山崎美成編） 1

昭和　年　月　日

慶應義塾

No. 104

西遊日誌	1
膳城烈士傳（永元愿着）	4
沖縄縣管内全図（久米長順編）	1
遼陽石刻集録（国立奉天図書館編）	2
切支丹史料集（永山時英着）	1
鳴沙餘韻　解説~~書~~（矢吹慶輝編）	1
琉球建築（田辺泰、巖谷不二雄 共著）	1
法隆寺建築論 日光廟建築論（伊東忠太、塚本靖、大江新太郎 着）	1
信西古楽図	1
南都十大寺大鏡（東京美術学校編）	1
狩野派大観（[illegible]藤 謙編）	1
顧氏畫譜（顧炳編）	4

昭和　年　月　日

慶應義塾

資料14（慶應義塾用箋・十六世紀地図）

No. 105

米山人並半江展図録（大阪市立美術館編）	1
欧米蒐儲支那古銅精華（梅原末治編）	7
三僧臨寫障壁畫大觀（李王家博物館編）	1
倭漢三才圖會	81
西藏圖考	4
丁丑亂概	2
神代山陵考，神代三陵俊考，神代三陵志	1
沖縄一千年史	1
南島夜話	1
南島探験	1
新版沖縄案内	1
琉球と薩摩の文化展覧会目録	1

昭和　年　月　日

慶應義塾

No. 106

- 琉球の文化
- 琉球の研究（「台湾及琉球の音楽に就いて」其他）
- 古琉球
- 琉球状と琉球史料目録
- 南島方言資料
- 起と沖縄男子
- 琉球の研究（上）
- 沖縄語詁要覧
- 薩摩と琉球
- 沖縄童謡集
- 十九世紀初頭の朝鮮及琉球の政情
- 南島の自然と人

昭和　年　月　日

慶應義塾

No. 107

八重山古謡　第一、二輯

奄美群島とポリネシア　南方文化の研究

南島研究、南島談話

閩語　沖縄語

球陽外巻　遺老説傳

中山世鑑

東汀随筆

奄美大島民族誌

沖縄縣政五十年

琉球音楽考

校註琉球戯曲集

琉球音詩集

昭和　年　月　日

慶應義塾

No. 108

書名	冊数
琉球古今記	1
海南雑語	1
詩の国 夢の国 琉球物語	1
古琉球	1
標準語 対照 沖縄語の研究	1
琉球神道記 ニ至四	3
琉球王代文献集（オ二輯）	1
[illegible] 補遺 沖縄歴史	1
孤島苦の琉球史	1
南島叢考	1
大伴金道忠孝図会	11
和名類聚鈔	10

昭和　年　月　日

慶應義塾

資料 14（慶應義塾用箋・十六世紀地図）

No. 109.

書名	冊数
扶桑皇統記図會	12
唐土王代一覧	3
劉向説苑纂註	10
地錦	1
歌舞名物同異鈔	1
家紋志	1
寶葉名畫	1
苔志篇	1
禽譜	1
咲堂稿絖	1
髪斛録	1
寸楽神書	1

昭和　年　月　日

慶應義塾

No. 110

國本論	1
竹取翁歌	1
市尹問魁	1
東大寺献物帳	1
園冶	2
評序 芥子園畫傳	3
上代衣服考	1
装束備考	1
元禄十二己卯霜月朔日冬至慶賀	1
文久壬戌 讀書室物産會品目	1
翻刻 權衡新話	1
校正首書 方丈記	1

昭和　年　月　日

慶應義塾

No. 2.11

[illegible]美濃紙抄製図説	1
新撰養蚕書	1
荒年救飢要略	1
山蚕養法	1
養蚕新説（増補三版）	1
救荒野譜紀聞	1
救荒本草抜萃	1
温故斎雑志	1
蕃[illegible]堂入考録	1
年開名実考	1
古方薬議	2
竪聚竹譜	1

昭和　年　月　日

慶應義塾

No. 112

四仙二括考	1
熊膽聚勝辨	1
三詞通覽	1
音訓國字格	1
韻鏡新解	2
孝經國字解	1
菟裘門	1
循心子字譜	2
佐倉宗五郎実録	1
さちりうこみ	1
攬園雜稿	2
足利市史	2

昭和　年　月　日

慶應義塾

No. 113

- 福岡縣案内　明治四三年刊　1
- 鹿児島縣大島々庁島治概要　1
- 熊毛地誌　1
- 郷土誌資料　鹿児島地誌　1
- 鹿児島縣縣治概要　1
- 高知縣産業調査書　大正八年刊　1
- 吾川郡産業調査書　1
- 伊野讀本　1
- 高知縣高岡郡史　1
- 大正元年 高岡郡統計年鑑　1
- 和歌山縣方言　1
- 野辺地方言集　1

昭和　年　月　日

慶應義塾

No. 114

茨城農会々報 第一至六号 明治二四	6
川崎市ト和糖穀土	1
〔訂正増補〕鹿児島語ト普通語 附東京部落抄	1
康熙編假解（朱判編・透藤通完解）	2
古綱并同史抜萃	1
琉球語	1
琉歌集	1
鹿島本草	1
〔袖珍〕本草綱目	1
仝上	1
〔増補校正〕炒菜炒術集	1
〔作益撰種〕永農新王	1

昭和　年　月　日

慶應義塾

No. 115

地球産物雑誌	1
廓語考	1
物品識名 拾遺（二冊）共	4
花の宿鵜歩行	1
嵬山紀勝	1
琉球年代記	1
稿子部傳記資料（稿北名語、寄假集選、運壽草又評）	2
中邦新聞史	1
東京探墓案内	1
記三禅師行状纏詞傳	3
近江蒲生郡志	10
戯野定所（廢）鈴屋又字、焉釋共	2

昭和　年　月　日

慶應義塾

No. 116

昭和　年　月　日

文人畫選（第一輯十二冊，第二輯五冊）	17
大東美術（第一輯十二冊）	12
古名録　総目録及索引共	45
馬氏文献通考．巻二二四 一三三一	1
謡曲評釈　大和田建樹著	3
日本訪書志補	1
續日本紀	20
三禮図	4
孔子事跡図解	3
花彙	8
仝上	8
古今著聞集　永祿三年刊	20

慶應義塾

資料 14（慶應義塾用箋・十六世紀地図）

No. 117

朝鮮太平記　序目共　宝永二年版	31
日蓮大士真実傳	5
香艶叢書	80
牧民心鑑解	2
眼科摘要	9
本草図譜	95
図書寮漢籍善本書目（宮内省図書寮編）	4
國立北平図書館 ~~書目 [illegible]~~ 善本書目	4
仝　乙編（趙録緯編）	1
桑志　李聿求著	3
林政八書　旧琉球藩編	1
日本山海名物図絵　平瀬徹斎著	5

昭和　年　月　日

慶應義塾

No. 118

昭和　年　月　日

日本の言葉と唄の構造	井村清作 著	1
能樂論叢	坂元雪鳥 著	1
國語學史	時枝誠記 著	1
仝上	小島好治 著	1
鎌倉室町時代文學史	藤岡作太郎 著	1
金代女眞の研究	三上次男 著	1
齊民要術		5
圖書館史	和田萬吉 著	1
日本文學（岩波講座）	I 1,2,3,4 II 1,2,3 III 1,2,3,4,5,6,7 IV 1,2,3	17
熊野採藥		4
名物六帖		2
山海名産圖會		5

慶應義塾

資料 14（慶應義塾用箋・十六世紀地図）

No. 119

Creel, H. G., Studies in Early Chinese Culture 1
Ekvall, R. B., Cultural Relations on the Kansu-Tibetan Border 1
Boxer, C. R., A Portuguese Embassy to Japan (1644–1647) 1
Asakawa, K., The Documents of Iriki 1
Granet, M., La Civilisation Chinoise 1
Chapman, H. O., The Chinese Revolution 1926–27 1
Beechey., Narrative of a Voyage to the Pacific 1
Burton, R., The Kasidah of Haji Abdu El-Yezdi 1
Military Correspondent of the Times., The War in the Far East 1
Sachau, E. C., Alberuni's India Vol. I. II. 2
Yule, H., (trans. & edited by).. The Book of Ser Marco Polo Vol. I, II, 2

昭和　年　月　日

慶應義塾

昭和　年　月　日

中國文學家大辭典　譚正璧編　1

（増補改訂）漁撈語彙　川合角也著　1

施福多先生文献聚影（シーボルト文献研究室編）附解題　171

増補俚言集覧　上下　2

足利学校釈奠講演筆記

第九巻，第十二巻，第十三巻，第十八巻，第十九巻，第廿四巻　6

大和本草（新校正）　10

官刻訂正東医宝鑑　24

長安史蹟の研究　足立喜六著　1

慶應義塾

資料 14（慶應義塾用箋・十六世紀地図）

No. 121

John R. Black: Young Japan, Yokohama and Yedo, 2
vol. 1, 2
John F. Embree, Suye Mura, A Japanese Village, 1

昭和　年　月　日

慶應義塾

No. 122

[redacted]

M.A. Czaplicka, Aboriginal Siberia 1

昭和　年　月　日

慶應義塾

資料 14（慶應義塾用箋・十六世紀地図）

No. 123

一、東京人類学会編　日本民族　一

一、小宮豊隆　能と歌舞伎　一、

一、新村出　東方言語史叢考　一、

一、澤村専太郎　日本絵画史の研究　一、

一、岡野他家夫　明治文学研究誌　一、

一、野村八良　室町時代小説論　一、

一、訂正古語拾遺　一、

一、読書会編　紙魚の昔がたり　二、

一、鶴岡本・御成敗式目　一、

一、楊石州・蒙古游牧記　四、

一、茂睡考（成簣堂叢書）　二、

一、ジョン・バチラー　アイヌ語より観たる日本地名研究（異版）　一

昭和　年　月　日

慶應義塾

124

No.

昭和　年　月　日

一、藤本政治　播磨に於ける特殊部落成立の傳説　一、
一、内田魯庵　讀書放浪　一、
一、柳田国男　退讀書歴　一、
一、長澤規矩也　支那學術文藝史　一、
一、濱田耕作　日本美術史研究　一、
一、久松潜一　西欧に於ける日本文學　一、
一、山口剛　紙魚文學　一、
一、新村出編　海表叢書（巻一、二、三、四、五、六）　六

慶應義塾

No. 125

一、北薩植物の概観（村松七郎）　一
一、皕宋樓藏書志（帰安陸心源剛甫編）　八
一、古文孝經私記　巻上　一
一、下學集　巻之下　一
一、先秦時代文法研究（新楽金橘著）　一
一、東山水墨画集　解説共　二
一、琉球の宗教　一
一、天正年間遣欧使節関係文書　二
一、蕪村名画譜　一
一、蕪村翁年譜落款印譜　一
~~一、標註本朝通鑑（林恕著）　十~~
一、五雑俎　八

昭和　年　月　日

慶應義塾

No. 126

卅　郋園讀書志　卅

一、中國通俗小説書目　一

一、本草和解（巻一―七捷引十四篇）　四

一、救民妙薬集　一

一、漢字三音考　一

一、新撰山東玉篇　六

一、日本古代語音組織考　表図（北里闌著）　一

一、交通文化（十四）　一

一、汲古随想（田中敬著）　一

一、圓朝全集（巻九、巻十、巻十三）　三

一、職人絵盡　一

一、本經續疏　二

昭和　年　月　日

慶應義塾

No. 127

一、本経疏證　六
一、本経序疏要　三
一、歴代風俗寫眞大觀　一
一、浮世絵賣立目録（遊井清）　一
一、水族志（畔田翠山著）　一
一、用字格（新刊校正）　三
一、磨光韻鏡（上・下）　二
一、岩波講座　国語教育　九
一、日本語海外普及に関する第一回協議会要録（国際文化振興会）　一
一、仝上　第二回　仝上（仝上）　一
一、仝上　第三回　仝上（仝上）　一
一、The Study of the Japanese Language (British Association of Japan)　一

昭和　年　月　日

慶應義塾

No. 188

一、四庫未收書目提要（阮元撰）　一

一、圖書館雜誌　十

一、通俗紙業発達史（西嶋東洲）　一

一、蘇峰先生著作五十選　一

一、四部叢刊續編樣本　一

一、年中行事第六冊（北野博美）　一

一、岡山歷史地理第一卷第一号　一

一、史學雜誌　七

一、東方學報（京都）第一冊－第十三冊（欠九、七、八、十三ノ2）　十九

一、東方學報（東京）總目次（自第一冊至第一〇冊）　一

一、明治聖德記念學會紀要　第七卷　一

一、蒹葭堂植物圖　一

昭和　年　月　日

慶應義塾

No. 129

一、啓明会第三十回講演集（坪井九馬三 矢野仁一）
一、蒙古寇紀
一、啓明会第六十四回講演集（伊東忠太 建築に現れたる日本精神）
一、星図（第八十五号）
一、東洋美術研究文献目録（昭和十二年）
一、李鳳庵四書合璧 譯本
一、図書館書籍標準目録（文部省編 昭和十二年前期分）
一、色染叢書（二）（桐生高等染織学校編）
一、頭註花傳書（謡曲叢書第一編 丸岡桂校訂）
一、音曲玉淵集（謡曲叢書第二編 丸岡桂校訂）
一、謡曲拾葉抄 巻上（謡曲叢書第三編）
一、岡山歴史地理 第二巻第五号

昭和　年　月　日

慶應義塾

No. 130

品名	数
一、四庫全書珍本初集樣本 附預約簡章	一、
一、四部備要説明書	一、
一、日佛会館學報 佛文編(一)	一、
一、高知縣産業一班	一、
一、史學雜誌 第四十四編第十一号、第四十五編第四—第五号	三
一、懐風藻註釋(澤田總清著)	一、
一、日本戯曲全集 第四十一巻	一、
一、狩谷棭斎箋注倭名類聚抄(京都帝大文學部国語學国文學研究室)	一
一、東方學報(東方文化學院)	八
一、水平運動(高橋貞樹著)	一、
一、日本考古學(佐藤虎雄著)	一、
一、一識堂月刊 第四号	一、

昭和　年　月　日

慶應義塾

No. ② 131

一、御謚號年號之讀例

一、東洋學藝雜誌 自第一号 至第九十九号 總目録

一、蕃山先生略傳 附年譜

一、日本古典索引 第二部 第一輯

一、人類學会雜誌 自第一号 至第三百号 總目録

一、新羅之記録

一、大禮記念京都美術館年報（昭和九年）

一、邃漢齋謎話（文藝叢刻甲集）商務印書館

一、郷土史に顯はれたる人士

一、菰野山植物（川崎光次郎著）

一、方言と土俗 第三巻第十一号

一、内外紙業統計（王子製紙販賣部編）

昭和　年　月　日

慶應義塾

No. 332

一、竹田翁尺牘（巻物）　一

一、「シーボルト原稿」（解説付）　二

一、帝室博物館圖録　二

一、元朝驛傳雜雜考（羽田亨著）　一

一、中西交通史料滙篇（陳垣題）　六

一、美術書發行目録（審美書院）　一

一、藥方選　一

一、藥方全書　一

一、書誌學（小見山壽海著）　一

一、大橋圖書館第拾弐年報　一

一、近畿善本圖録（内藤虎次郎）　一

一、龍笛要録假名譜　刊　一

昭和　年　月　日

慶應義塾

資料14（慶應義塾用箋・十六世紀地図）

No. 9.133

一、史學雜誌　十一
一、帝室博物館圖録　二
一、文藝図書目　第二期　一　一
一、和漢醫學分類　三
一、農桑輯要巻五　一
一、農喩　一
一、増訂故實叢書（今泉定介）一
一、字音假字用格（本居宣長）一
一、尾州大須宝生院藏倭名抄残篇　一
一、新撰年表（逢谷箕作）一
一、康熙幾暇格物編　上下　二
一、野竹　一

昭和　年　月　日

慶應義塾

一、朝鮮支那文化の研究

一、日本原始農業新論

一、音韻調査報告書

一、北京大學國學季刊

一、日土圖

一、李圓庵四書合解評本

一、日本重要水產動植物圖解說

一、朝鮮窯業の過去及び將來（淺川伯教氏講述）

一、野外植物（服部清一郎・菅場宗壽郎共著）

一、玉淵集

一、西鄉南洲先生遺訓

一、音讀並ニ口語法取調ニ關スル事項報告書

一、

一、

一、

一、

一、

一、

一、

二、

一、

一、

一、

一、

昭和　年　月　日

慶應義塾

資料 14（慶應義塾用箋・十六世紀地図）

No. 135

一、圖書館並ニ觀書の數種（阿部吉雄）　一、

一、狩野派絵具覺書　一、

一、續群書類從　七三

廿、金陵陵墓古蹟全圖　廿

昭和　年　月　日

慶應義塾

No. 136

一、曼荼羅の研究　梅尾祥雲著　一
一、更訂國史の研究 各説上　黒板勝美著　一
一、番椒圖説　一
一、現代挿花圖集　二
一、沖縄志 一名琉球志　伊地知馨著　五
一、韓語研究法　薬師寺知朧著　一
一、東方染色文化の研究　上村六郎著　一
一、板碑概説　服部清五郎著　一
一、假名の日本書紀 下巻　植松安著　一
一、古代研究 第二部　折口信夫著　一
一、東京工業試驗所報告 第十三回 第五号　一
一、昭和十二年度中小工業製品高級化施設實施状況報告書 高知縣　一

昭和　年　月　日

慶應義塾

資料 14（慶應義塾用箋・十六世紀地図）

No. 237

一、大東輿地圖 索引共　二
一、寺社寶物展閲目錄　二
一、法隆寺建築論附圖（東京帝國大學紀要 工科第一冊第一号附圖）　一
一、日光廟建築論附圖（東京帝國大學紀要 工科第二冊第二号附圖）　一
一、日本古樂面 帝室博物館藏版　一
一、相阿弥四季山水畫冊　一
一、國宝 重要美術品 繪畫展覧會圖録　七
一、紹述編年 乾・坤　二
一、順聖公年譜　一
一、島津世家　三
一、新納忠元勲功記　一
一、薩州士風傳　一

昭和　年　月　日

慶應義塾

No. 138

一、薩藩經緯記　一

一、贈従三位松平齊典公御事蹟　一

一、管窺愚考　附録共　二

一、大寛實録　一名島津世禄記　上中下　三

一、薄様色目　一

一、西洋學家譯述目録　一

一、麝香其外唐薬種取引證文　一

一、産業調査書　高知縣（明治四十三年九月調）　一

一、英國博物館藏 燉煌出土未傳稀覯佛典白写真出陳略目　一

一、必用便覽　一

一、財團法人啓明會第貳拾壱回　昭和十四年度事業報告書　一

一、藏書記要　一

昭和　年　月　日

慶應義塾

No. 139

一、書物展望　第二巻、一、二、三、十一、十二　第三巻、一　六

一、東洋学報　第十三巻第二号　第十七巻第一号、第四号　三

一、渡辺華山言行録　堀江秀雄著　一

一、伊藤医学分類　一―九、十三―三十八　三五

一、神農本草　三巻　一

一、椿説弓張月　十、廿　五

一、十二月図帖　一

一、郷土趣味　第七号　一

一、南蛮寺興廃記　二

一、玫瑰花冠記録　明治二年版　一

一、廣恵済急方　上中下　三

一、聖教日課　一

昭和　年　月　日

慶應義塾

No. 140

一、征使水路記　五

一、鳴沙餘韻　二

一、東洋歴史参考圖説　三

一、藤陰山房叢書　二六

一、倭玉篇　慶長癸丑板　三

一、嵯峨本考　一

一、書目集覽　寛文書籍目録　元禄書籍目録　一

一、慶長以来書賈集覽　一

一、千種之花　四

一、古文舊書考　四

一、好色本目録　一

一、五山文學全集　五

昭和　年　月　日

慶應義塾

No. 141

一、明治聖徳記念學會紀要　四三
一、亜細亜研究　一
一、書誌學　一
一、燕京學報　二七
一、輔仁學誌　九
一、史學年報（燕京大學史學会出版）　五
一、中國營造學社彙刊　七
一、江蘇省立國學図書館第一年刊——第~~七~~八年刊　~~七~~八
一、方言（第一巻四、第二巻十二、第三巻十二、第四巻十、第五巻十二）　五〇
一、漢方と漢藥（第一巻八、第二巻十二、第三巻十二、第四巻十二、第五巻十二、第六巻六、總目録一）　六三
一、日本農民建築（第十二、十三、十四輯）　三

昭和　年　月　日

慶應義塾

No. 142

一、図書館学季刊（中華図書館協会編）（第一巻四、第二巻一、第三巻三、第四巻三、第五巻三、第六巻四、第七巻七、第八巻七、第九巻三、第十巻四、第十一巻二、） 四一

一、民俗芸術（第一巻二、第二巻二、第三巻二、第四巻五、第五巻六、） 一七

一、国立北平図書館々刊（第六巻十二、第七巻九、第八巻八、第九巻六、第十巻二十） 四一

一、昭和七年業務報告（岐阜県製絲工業試験場） 一、

一、大和本草（自巻三至巻七） 一、

一、大和本草（巻之八、九） 一、

一、大和本草（自巻之十、十一、十二） 一、

一、大和本草（巻之十三、十四） 一、

一、大和本草（巻之十五、十六、附録、諸品図） 一、

昭和　年　月　日

慶應義塾

資料14（慶應義塾用箋・十六世紀地図）

No. [illegible]43

一、國學院雜誌

第一巻 ― 十二
二 ― 全
三 ― 全
四 ― 全
五 ― 十四
六 ― 十二
七 ― 全
八 ― 全
九 ― 全
十 ― 全
十一 ― 全
十二 ― 全
十三 ― 十一
十四 ― 十二
十五 ― 全
十六 ― 全
十七 ― 全
十八 ― 全
十九 ― 全
二十 ― 全
二十一 ― 全
二十二 ― 全

第二十三巻 ― 十二
二四 ― 全
二五 ― 全
二六 ― 全
二七 ― 全
二八 ― 全
二九 ― 全
三〇 ― 全
三一 ― 全
三二 ― 全
三三 ― 全
三四 ― 全
三五 ― 全
三六 ― 全
三七 ― 全
三八 ― 全
三九 ― 全
四〇 ― 全
四一 ― 全
四二 ― 全
四三 ― 全
四四 ― 全

五十九

昭和　年　月　日

慶應義塾

No. 144

一、蘭薬鏡原（十一、十二、十三）　三

一、球陽（上、中、下）　三

一、東方学報　八冊

一、東洋学報　一四冊

一、藝文　二四六

第一年—九
二—十一
三—十二
四—全
五—全
六—全
七—全
八—全
九—全
十—全
十一—全
十二—十一
十三—十二
十四—全

第十五年—十二
十六—十一
十七—全
十八—全
十九—十二
二十—全
二十一—全
二十二—二
總目索引—一

昭和　年　月　日

慶應義塾

資料14（慶應義塾用箋・十六世紀地図）

No. 145

一、斯文　一九七

第一編 — 六
同總目次 — 一
第二編 — 六
同總目次 — 一
第三編 — 六
第四編 — 六
同總目次 — 一
第五編 — 六
同總目次 — 一
第六編 — 四
同總目次 — 一
第七編 — 六

第八編 — 九・
同總目次 — 一、
第九編 — 十二
同總目次 — 一、
第十編 — 十二
同總目次 — 一
第十一編 — 十二
第十二編 — 十二
第十三編 — 十二
第十四編 — 十二

第十五編 — 十二
第十六編 — 十二
第十七編 — 十二
第十八編 — 十二
第十九編 — 十。
第二十編 — 十。

一、足利學校遺蹟沿革　一
一、淺野家の有恒社と株式會社有恒社　一
一、高麗史節要補刊　附録　一
一、植柳名寶圖攷　一

昭和　年　月　日

慶應義塾

No. 146

一、賣扇庵扇譜　一

一、奄美大島民謡大観　一

一、大廣益會玉篇　五

一、樽柳新編　明治八年　五

一、土佐紙業組合製紙試験場　業務工程報告書　大正十三年度　一

一、叩解機の研究　附紙業統計、特許出願手引　一

一、製紙改良同業組合定款　一

一、足利學校釋奠講演筆記　第六巻、第十二巻　二

一、琉球と鹿兒島　藤田親義著　一

一、琉球淨瑠璃　一

一、琉球大観　一

一、沖縄女性史　伊波普猷著　一

昭和　年　月　日

慶應義塾

No.147

一、南島沿革史論　幣原坦著　一

一、朝鮮の俚諺集附物語　高橋亨著　一

二、續日鮮史話　松田甲述　三

一、滋賀縣方言集　太田榮太郎編　二

一、壹岐島方言集　山口麻太郎著　一

一、北飛騨の方言　荒垣秀雄著　一

一、白牛酪考　一

一、萩日記　一

一、歯に関する俗信一覧表　一

一、本草序例　一

一、本草通串證圖、異本　上下　二

一、本草古書沿革考　一

昭和　年　月　日

慶應義塾

No. 148

昭和　年　月　日

一、本草綱要　上下　二

一、民俗藝術　第四卷五號　一

一、文學　自昭和八年十二月至昭和九年十二月　一

一、厦門音系　羅常培著　一

一、廣西猺歌記音　趙元任著　一

一、西夏研究　王靜如著　三

一、光緒時代之朝鮮開係　伊藤岩吉著　一

一、富山市史　附錄共　二

一、南島國顯錄　一

一、熊毛郡沿革誌　一

一、琉球の織物　一

一、沖繩縣女子師範學校 鄉土教育紀要　一

慶應義塾

No. 149

一、製紙の學理及實際　今岡顯著　一

一、支那歷代年表　續編　山根倬三著　一

一、平家納經圖録　一

一、法隆寺國寶保存工事報告書（西圓堂）第四冊　一

一、粘葉考　田中敬著　二

一、郷土志料目録　沖繩図書館所藏　一

一、書窓　製本之輯　上田德三郎口述　武井武雄図解　一

一、都濃郡自治史要　一

一、土佐紙業組合製紙試驗場業務工程報告書　大正九年度　一

一、能樂　第四巻上　一

一、歷代名瓷　美洲福開森著　一

一、東京之理科大學之科紀要　第三巻・唐音十八考　一

昭和　年　月　日

慶應義塾

No.150

一、日台大辞典　一

一、旧刊景譜　川瀬一馬編　一

一、訪書餘録　本文篇・図録篇　二

一、古活字版之研究　附図共　川瀬一馬著　二

一、江戸時代語研究　才一巻才三・才四号・才二巻才一号　三

一、福翁自伝　一

一、日本法制史研究　瀧川政次郎著　二

一、東洋法制史本論　広池千九郎著（大阪府立図書館）

一、和漢本草図書展覧会目録　一

一、昭和三年三月、本草書目抄　一

一、雑録　巻二一ー巻八　八

一、艸　叢　一　二

昭和　年　月　日

慶應義塾

No. 151

一、胡椒一味重宝記　一
一、漢篆千字文　四
一、神農本経解故　鈴木素行著　一
一、三物考　明治十六年　一
一、成簣堂古文書影百種（十二枚欠）　一
一、経験良方　上　一
一、琉球聘使略　一
一、字鏡集　附字訓索引　一〇
一、圖書和語本草綱目　二〇
一、草字彙　六
一、世説新語補考　上下　二
一、詩本草　一

昭和　年　月　日

慶應義塾

No. 152

東洋法制史序論　広池千九郎　一
令集解　一
日本法制史　池辺義象　一
日本法制史　滝川政次郎　一
帝室制度史　一・二・三・四　四
令義解講義　一
古文書類纂　滝川政次郎　一
大宝令新解　窪美昌保　一
律令の研究　滝川政次郎　一
支那法制史研究　滝川政次郎　一
日本古代法釈義　有賀長雄　一
日本法制史　三浦菊太郎

昭和　年　月　日

慶應義塾

No. 153

花彙　八

袖珍薬説　中篇、下篇　二

新刊萬病回春　七

格致鏡原　巻五十一、五十八、六十四、七十一、巻七十七、八十三、八十九、九十五　八

音韻調査報告書　一

古風土記逸文考證　上下　栗田寛著　二

歴朝聖德録　一

如亭山人藁　初集　一

西域畫聚成　牙拾輯　一

字音假字用格　一

花傳第六花修（能楽資料第一編附録）　一

奄美大島方言と土俗　第二冊　一

昭和　年　月　日

慶應義塾

No. 154

年中行事 第一冊ー第五冊、第八、九冊 第十一、十二冊 九

天狗名義考 一

歴木園草木記 一

大字錦繍段 一

紫藤園攷證 甲集、乙集 二

蒹葭堂百合譜 一

土州渊岳志産物編 一

理学入門植學啓原 宇田川榕菴著 一

日本医学歴史資料目録 一

~~蝶類同好會相関雑誌~~

輔仁英文學誌 第九期 (Bulletin No. 9 of the Catholic University of Peking) 一

大同類聚方 巻之九十四 一

昭和 年 月 日

慶應義塾

資料 14（慶應義塾用箋・十六世紀地図）

No. 155

一、袖珍藥説　初篇　一
一、袖珍鑑本草綱目　二
一、台山歌謠集　陳元柱編　一
一、學画問答・山華椿尺牘　一
一、重校神農本草　光緒丙午年　一
一、現行法律語の史的考察　穫部高藏著　一
一、奇貝図譜　一
一、古文孝經私記　二巻下　一
一、歷朝聖德錄補遺　一
一、新刊萬病回春　巻之二　一
一、古史辨　第一冊、第二冊、第四冊、第五冊　四
一、浮世絵新誌　第九號　一

昭和　年　月　日

慶應義塾

No. 156

昭和　年　月　日

一、Bulletin, July 1929. No. 6 of the Catholic University of Peking (輔仁大學)　一
一、輟畊録　一〇
一、南朝遺史　三
一、金生樹譜別録　三
一、仝　右　三
一、世説新語補　一〇
一、日本農具圖説圖譜　一
一、飲膳摘要　一
一、黒龍江墾殖説略　一
一、郷土趣味　第一号―第四号、第六、八、九号、第十三号―第廿四号
第三巻第一号―第十二号、第四巻第一号―第十二号（四号欠）　四二
一、郷土趣味　第四十九号―第五十六号　八

慶應義塾

No. 177

一、Bulletin No. 8 of the Catholic University of Peking December 1931（輔仁英文学誌 第八期） 一、
一、江蘇省立国学図書館 第十年刊 一
一、郷土研究 信濃 第一巻、第二巻、第四巻、第五巻 第三巻、第七巻（第一号－第六号） 六
一、字音便覧 佐藤重治著 一
一、美術研究 第一号－第七十二号 七二
一、引得 第三十一号 毛詩注疏引書引得 哈佛燕京学社 一九三七、十一月 一
一、日本法制史 隈崎渡著 一
一、法制史論集 第一巻、第二巻 中田薫著 二
一、四角號碼檢字法 王雲五著 一
一、麑海魚譜 一
一、小噺再度目見得 第壱期、第貳期（註釈篇索引共） 一三
一、口語法調査報告書（下） 一

昭和　年　月　日

慶應義塾

No. 158

一、此花　二二、

一、中宮寺 法起寺 大鏡　全（各石田茂作編）一

一、観世音寺大鏡　全（東京美術学校編）一

一、當麻寺大鏡　全（仝右）一

一、南都十大寺大鏡　（東京美術学校編）二五

一、東瀛珠光　一―六（宮内省蔵、審美書院発行）六

卅 ~~[illegible]大阪府[illegible]~~ 卅

昭和　年　月　日

慶應義塾

資料 14（慶應義塾用箋・十六世紀地図）

No. 157

E. V. Arnold, The Restored Pronunciation of Greek and Latin.

1

昭和　年　月　日

慶應義塾

No.

昭和　年　月　日

中ノ斎ニ展開中、Hawley氏圖書

南都十大寺大鏡　附索引（東京美術學校編）　18

當麻寺大鏡　（〃）　1

觀世音寺大鏡　（〃）　1

中宮寺大鏡、法起寺大鏡　（岩和田校作編）　1

東瀛珠光　（宮内省藏、審美書院發行）　6

慶應義塾

資料15（手書目録・アイヌ語を通じて観たるアイヌの族性他）

アイヌ語を通じて観たるアイヌの族性他・一冊・國語漢文研究會・
東京明治書院・明治四十四年

あたらしいをりがみざいく・三冊・京都河原書店・昭和十年

アリンス國辭彙・宮武外骨・東京半狂堂・昭和四年・一冊

アクセントと方言・一冊・服部四郎・東京明治書院・

足利學校釋奠講演筆記・二十六冊・足利學校遺蹟圖館刊・
（全揃）大正元年―昭和十二年

愛日樓印譜・一冊・高知市溝上巽三郎・大正十四年

世阿彌舞踊讀本・一冊・藤蔭桂樹・東京河出書房・
昭和十三年

足利學校沿革誌・一冊・足利學校遺蹟圖館刊・大正六年

飛鳥時代寺院址の研究・二冊・石田茂作・東京聖德太子奉讃会・

昭和十一年
美味求眞・一冊・木下謙次郎・東京啓成社・大正十四年
美味珍味・一冊・食辛抱・東京丸ノ内出版社・昭和八年
文學・第二巻第十二号・一冊・岩波書店・昭和九年
文房四譜・二冊一帙・和紙研究会編・京都便利堂・昭和十六年
文求堂書目・一冊・田中慶太郎編・東京仝人發行・昭和八年
大明三藏聖教目録・二冊・南條文雄・東京南條博士記念刊行會
昭和十四年
新文典別記（口語編）・橋本進吉・東京冨山房・昭和十三年・一冊
文章軌範・四冊・王守仁撰
文章軌範・三冊一帙・官版嘉永六年刊

佛教辭典（梵漢對譯）・一冊・荻原雲來・東京丙午出版社・昭和二年

文學に現はれたる我が國民思想の研究・四冊・津田左右吉・東京洛陽堂

大正八年乃至十年

佛垂般涅槃略說教誡經・一帖・足利初期刊（全一帖、原物）

蕪村句集遺稿講義・一冊・高濱清編・東京籾山書店・大正五年

佛教大辭典・七冊・望月信亨・東京佛教大辭典発行所・

昭和十一年ー十二年

文章讀本・一冊・谷崎潤一郎・東京中央公論社・昭和九年

武家時代の研究第三卷・一冊・大森金五郎・東京富山房・昭和十二年

文章心理學（日本語の表現價値）・一冊・波多野完治・東京三省堂

昭和十二年

文藝懇話會（五月號）・一冊・安藤丞・東京文藝懇話會

昭和十二年
文學・長田幹雄（自第一巻至第六巻）・六十六冊・東京岩波書店・
昭和八年～十三年
勤安居士文集帝王韻紀附その解説・三冊一帙・朝鮮古典刊行會・
京城朝鮮古典刊行會・昭和十四年
土木工學用語集・柴原龍兒・土木學會・昭和十一年
大日光中禪寺寫眞帳・一冊・鈴木常歡・中禪寺寺務所・
昭和十五年
道家の思想と其の展開・一冊・津田左右吉・東京岩波書店・昭和十四年
新作都々逸小唄・一冊
大觀世（雜誌）・二百十六冊・齋藤芳之助編・東京能樂書院
大同類聚方及總目録・寫本二十四冊・安倍朝臣眞貞他・大同三年

大同石佛寺・一冊・木下杢太郎・東京座右寶刊行會・昭和十六年

大西郷遺訓・一冊・小谷保太郎編輯兼發行・政教社（東京）大正十五年

江戸時代語研究・全六冊・松川弘太郎・神奈川江戸採訪會・昭和十一年

英和雙解隱語彙集・村松守義・東京金港堂・明治三十年・一冊

袁中郎全集・一冊・袁宏道・上海世界書局・民國二十五年

英和新撰英語辭典・一冊・圖南社編輯部・東京圖南社・大正九年

英和海語辭典・一冊・内藤信夫・有明堂（東京）・大正九年

英和雙譯論語（全）・レッグ博士英譯清水起正編註・東京二三子堂書店・昭和七年・一冊

惠比須と大黒（福神研究）・一冊・長沼賢海・東京丙午出版社・大正十年

圓朝全集・全十四冊・鈴木行三・東京春陽堂

白山獄凝煙・一冊・田中慶太郎編・東京个人發行・昭和九年

八丈島・一冊・薄恕一・東京國文館・大正三年

白製紙製造販賣組合規約書・一冊

八史經籍志・十七冊二帙・漢班固撰・文政八年

版本通義（百科小叢書）・一冊・錢基博・上海商務印書館・

民國二十二年

平賀源内集（全）・一冊・塚本哲三編・東京有明堂書店・昭和九年

悲戀の爲恭・一冊・藤森成吉・東京改造社・昭和十三年

表具のしをり（新修版）・一冊・山本元・京都芸草堂藏版・昭和十三年

平田篤胤全集・十五冊・平田學會編・東京全事務所及書店發行・

明治四十四年乃至大正七年

廣島縣樹目一覽表・一冊

飛鸞雜考・一冊・武藤長平・大正四年

藤田博士記念展覧會陳列圖書目録・東京東洋文庫・昭和五年・一冊

福翁百話・東京時事新報社・昭和九年・一冊

扶桑略記・十五冊二帙・文政三年

風雅論・大西克禮・東京岩波書店・昭和十五年・一冊

平家物語略解・一冊・御橋悳言・東京寶文館・昭和四年

砭經（孫眞人傳砭訣・砭道人砭術述）・一冊

瓶史・二冊・西川一草亭・京都去風洞・昭和八年

平家物語評釋・一冊・内海弘藏・東京明治書院・大正十五年

戀子生抄・一冊・享保三年

凹（~~[illegible]~~）・一冊・久保盛丸・イヨ、ウワジマ凸凹寺・昭和六年三月

本草便覧・二冊一帙・成兆嘉・光緒丁亥孟夏

平家物語についての研究（國語史料鎌倉時代之部）三冊・文部省

〈國語調査委員會〉國定教科書共同販賣所・明治四十四年及大正三年

方丈記評釋・一冊・内海弘藏・東京明治書院・昭和十三年

本邦四書訓點並に注解の史的研究・一冊・大江文城・東京關書院・昭和十年

星岡（第一〇二及一〇四―一三〇）第百二號・二十八冊・林柾木・東京便利堂出張所・
昭和十四年―十六年

法隆寺論攷・一冊・喜田貞吉選・東京地人書院・昭和十五年

本草和名・二冊一帙・太醫博深江輔仁撰・寛政丙辰板

本草和名・二冊一帙・江戸和泉屋庄次郎發行

細井平洲の生涯・一冊・高瀬代次郎・東京巖松堂書店・昭和十年

北平歳時志・二冊一帙・張江裁纂・國立北平研究院史學研究會出版

訪餘録・一冊・田中慶太郎・東京仝人發行・大正十年

本草備要・四冊一帙・汪訒菴

大福光寺本方丈記・一冊一帙・東京古典保存會編及發行・大正十五年

本邦書誌學概要・二冊・植松安・東京圖書館事業研究會・昭和四年

平安朝文法史（全）・一冊・山田孝雄・東京寶文館・大正二年

一切經音義・七冊一帙・山田孝雄編・東京西東書房・昭和七年

伊勢物語・二冊・屋代弘賢校訂・東京岩波書店・昭和六年

井上頼圀翁小傳・一冊・東京田邊勝哉編及發行・大正十一年

印文學・一冊・前田俊・東京三圭社・昭和四年

今鏡（畠山本）・二冊一帙函入・和田英松校訂・東京大塚巧藝社・
昭和十三年

異態習俗考・一冊・金城朝永・東京六文館・昭和八年

現代醫學大辭典第十四巻小兒科學篇・一冊・神田豊穂・
東京春秋社・昭和四年

岩瀬文庫圖書目録・一冊・岩瀬文庫編・~~東京[illegible]・昭和[illegible]~~・愛知縣文庫發行・

昭和十一年

石川啄木全集・一冊・石川啄木・改造社・昭和六年

岩波文庫古今著聞集・一冊・黒板勝美・東京岩波書店・昭和十五年

偉人野口英世・一冊・池田宣政・大日本雄辯會講談社・昭和十六年

異國草本會目録（全）・一冊・加賀島信近

一切經音義索引（全）・一冊・山田孝雄編・東京西東書房・大正十四年

いかもの趣味・四冊一帙・礒部鎮雄編・東京いかもの會・昭和八年—十年

韻鏡考・一冊・大矢透・著作者發行・大正十三年

校碑概説・二冊・服部情五郎・東京鳳鳴書院・昭和八年

一癖斎随筆 第一号・一冊・宮武外骨・東京威光館・昭和五年

色葉字類抄及解説・三冊函入・東京育徳財團・大正十五年

佚存書目・一冊・服部宇之吉編・東京田中慶太郎・昭和八年

外務省公表集第十六輯・一冊（支那事変関係を除く）・外務省・昭和十二年

學畫問答華椿尺牘（上下）・二冊・神木猫之助・明治四十四年

學燈・一冊・東京丸善・昭和十三年

雁皮栽培録・一冊一帙

學畫問答華椿尺牘・三冊一帙・神木猫之助・明治四十四年

重校神農本草・二冊・光緒丙午年

畫灰書、畫水書・寫本一無帙・蓬翁用九識・甲寅四月望

藝林間歩・一冊・（大田正雄）木下杢太郎・東京岩波書店・昭和十一年

現代挿花圖集第三輯・一冊・日本花道學院・昭和三年

現代挿花圖集第二輯・一冊・西阪華之栞社・昭和十一年

諺草・七冊・貝原好古・阪府書籍老舗前川善衛・元禄十四年

現代[illegible]轉花圖集・一冊・西阪清華・大阪第一藝文社・昭和十一年

解題叢書（全）・一冊・國書刊行會・東京仝會發行・大正五年

疑問假名遣・前後二冊・國語調査委員會（文部省内）・國定教
科書共同販賣所・大正元年（前）大正四年（後編）

御物
看聞日記複製領布趣旨書・一冊・貴重圖書影本刊行會

儀禮圖・八冊一帙・官版寛政十一年

群經概論（百科小叢書）・一冊・周豫同・上海商務印書館

續群書類從・七十二冊・東京續群書類從完成會・昭和六年－八年

五音上下能樂資料第二編前編・一冊・能樂研究室・東京能樂
資料領布會・昭和七年

五音ぬき書上下能樂資料第二編後編・二冊一函・能樂研究室
東京能樂資料領布會・昭和七年

後漢書・六十冊

五山の四大詩僧・一冊・今關天彭・昭和八年

若樹文庫入札略目録・一冊・昭和十三年

重要樹苗説明・一冊・大阪福井群芳園・明治三十四年

實例令女習字帖・藤村耕一・寶文館・昭和三年

女子學習院五十年史・一冊・女子學習院・昭和十年

實驗音聲學上より見たるアクセントの研究・千葉勉・東京

富山房・昭和十年

尋常小學讀本巻一・一冊・文部省・日本書籍株式會社・大正七年

尋常小學讀本[illegible]十二冊・文部省・日本書籍株式會社・昭和三年・二年

成吉思汗ハ源義經也・一冊・小谷部全一郎・東京富山房・大正十三年

隋唐燕樂調研究・一冊・林謙三・上海商務印書館・民國二十五年

實用文字のくづし方・一冊・春花山人・大阪立川熊次郎・大正十三年

豆州熱海誌・一冊・大内青巒・熱海直誠社・明治十一年

女子風俗化粧秘傳・三冊一帙・佐山半七郎・東京神田好古堂・文化十年

國訓異義・和漢辭彙異・二冊・碧堂堀江與一・東京厚生閣・昭和十二年

五經・十一冊・後藤先生訓點・目黒氏藏版

假名源流考及證本寫眞・二冊・國語調査委員會編・東京國定教科書共同販賣所・明治四十四年

漢文の訓讀によりて傳へられたる語法・一冊・山田孝雄・東京寶文館・昭和十年

芥子園畫傳初集・五帙二十三冊

賀茂眞淵全集・十二冊・賀茂百樹・東京吉川弘文館・昭和二年―七年

寛政版記録附信夫顯祖事蹟・一冊・江島伊兵衛・東京わんや書店

花傳書改訂版・一冊・世阿彌・野上豊一郎・東京岩波書店・昭和十四年

花傳書（全）・二冊（三部）一帙・江島伊兵衛・明治三十一年

花傳第六花修、能楽資料第一編・一冊・能楽研究室・東京能楽
資料頒布會・昭和六年

花傳書・二冊一帙・室町本近写鈔

鎌倉室町時代の儒教・一冊・足利衍述・東京日本古典全集刊行會・
昭和七年

廣東新語・八冊二帙・番禺屈翁山先生撰・木天閣版

漢魏叢書・四十冊四帙・上海涵芬樓影印

華山印譜・一冊一帙

芥子園人物畫譜・一冊・森田但山・東京漢畫研究會・大正六年

新譯観音經講話・一冊・吉原東洋・東京観音布教會・昭和十年

観古雜帖・一帖一帙

かながきくろんぼ・一冊一帙函入・東京安田文庫編及發行・昭和十年

關八州印象記・一冊・神奈川縣郷土研究聯盟編・横濱全聯盟發行・昭和十六年

金澤文庫所藏淨土宗學上の未傳稀覯の鎌倉鈔本・塚本善隆

化學工業全書（第十五冊）・一冊・高松豊吉編・東京丸善書店京都支店・大正十五年

華山研究・一冊・土井禮・東京弘文書院其他・明治四十二年

漢籍解題・一冊・桂湖邨著・東京明治書院・明治三十九年

加美の粧・一冊・三好富三助編・京都精版印刷社・昭和二年

會話教本（巻二）・一冊・日語文化學校

甘露堂文庫稀覯本攷覧（全）・一冊・尾崎久彌・名古屋書史會・

昭和八年

化學工藝第九號・一冊一帙・東京化學工藝社・大正十四年

かなのしるべ上下・一帙・桑田明・東京一樂書學院・昭和六年

漢字詳解・三冊一帙・高田忠周・東京西本書房・大正十四年

かくし言葉の字引・一冊・宮本光玄・東京誠文堂・昭和四年

かまくら・一冊・大森金五郎・東京吉川弘文館・明治四十四年

五段排列漢字典・オ、ロゼンベルグ・東京興文社・大正五年

金澤と六浦莊時代・一冊・平田恒吾・神奈川熊野屋商店・大正十一年

和英海語辭典・尾崎重稅・東京水交社・昭和五年

下學集上下・二冊無帙・元和三年

切支丹宗門の迫害と潜伏・一冊・姉崎正治・東京同文館・大正十五年

近代文藝筆禍史・一冊・齋藤昌三・東京崇文堂・大正十三年

稀本零葉・一冊一帙・訪書會刊

欽定續通志・六〇冊

麒麟・一冊・東京松本新太郎著及發行・昭和七年

紀要創刊號 文献蒐載 第十四ー第十六・三冊・明治聖徳記念學会・昭和八年

鄉土趣味・五十九冊・田中俊次・京都鄉土趣味社・大正七年ー十四

貴重圖書影本刊行會目錄・一冊・貴重圖書影本刊行會・京都便利堂

貴重圖書影本刊行會趣意書規定及第四回配本目錄・一冊

近代東洋音樂研究への覺え書・一冊・岸邊成雄

近世畸人傳中遺物會目錄・一冊

欽定續通典・十二冊

吉利支丹文學抄・一冊・村岡典嗣・東京改造社・大正十五年

京華春報、一號より五號迄・一冊・東京京春社・明治二十二年
京都圖書館和漢圖書分類目錄・六冊・京都府立京都圖書館
大正十一年ー昭和七年
鄉土志料分類目錄・一冊・鹿兒島縣立圖書館・昭和四年
救荒野菜圖説（全）・一冊・嘉永四年
氣象の研究と其の應用、理學博士藤原咲平講演・一冊・笠森傳繁・
東京啓明會・昭和十年
桐生織物史・一冊・桐生織物史編纂會編・群馬縣桐生市桐生
織物同業組合・昭和十五年
近代日本文學大系(17)式亭三馬集（全）・國民圖書株式會社（東京）・
昭和二年
頭書増補訓蒙圖彙大成・一冊

君台觀左右帳記研究・一冊・松本宗衛・東京中央美術社・昭和六年

懷德堂印存・二冊一帙

國譯本草綱目・十五冊・白井光太郎其他・東京春陽堂・昭和四年乃至八年

國語新辭典（國定教科書）・一冊・東京三省堂編輯所及發行・昭和十二年

國語と日本精神・一冊・保科孝一・東京実業之日本社・明治十二年

國文註釋全書・二十冊・室松岩雄編・國學院大學出版部・明治四十年乃至四十三年

國語國字國文改良諸說梗概・一冊・教育調査會・大正三年

校讎學（百科小叢書）・一冊・胡樸安其他・上海商務印書館・民國二十四年

古代漢文を基礎とする言語學の一科・一冊・濱名寛祐・東京日本ツラン協會・昭和八年

五部心觀（園城寺藏版）・一冊・便利堂東京出張所
國語の中に於ける漢語の研究・一冊・山田孝雄・東京寶文館・昭和十五年
古硯美の鑑賞・一冊・井上源太・東京坂上書院・昭和十一年
古文孝經・一冊一帙・足利市足利學校遺蹟圖書館・昭和六年
皇室史の研究・一冊・黒板勝美他・東伏見宮藏版・昭和七年
光悦遺芳・一冊一帙・恩賜京都博物館・京都便利堂・昭和十年
今昔物語集・三冊・芳賀矢一編・東京富山房・大正二年－十年
胡蝶後水尾院御製・一冊・東京金尾文淵堂・大正十一年
皇室制度講話・一冊・酒巻芳男・東京岩波書店・昭和九年
國文註釋全書・一冊・本居豊穎・東京國學院大學出版部・大正二年
古代研究 國文學篇及民族學篇・三冊・折口信夫・東京大岡山書店・
昭和四年

新註皇學叢書第二巻・物集高見・東京内外書籍株式會社・
昭和二年

米澤藩學問所興讓館年表・一冊・米澤中學校石田勘四郎
編輯・山形米澤中學校興讓會・昭和二年

皇室と基督教・一冊・曾我部四郎・東京丁未出版社・昭和二年

皇室事典・一冊・井原頼明・東京富山房・昭和十三年

古代日本精神文化の研究・一冊・大西貞治・東京至文堂・昭和六年

口語法（全）・一冊・國語調査委員會編（文部省）・東京大日本
圖書株式會社・昭和十一年

國史大系第一巻－第十七巻・十七冊・經濟雜誌社・明治三十年－三十四年

古典保存會趣旨規約・一冊・東京古典保存會・昭和十三年

國史大辭典・六冊・八代國治編・東京吉川弘文館・昭和二年

これ〳〵草・二冊一帙・嘉永六年十一月

國語學書目解題・一冊・吉田澄夫

國語と國文學・一冊・藤村作編・東京至文堂・昭和五年

高野版展覧目録・一冊・大阪府立圖書館・昭和四年

國學院雜誌・五百三十三冊・國學院大學・明治二十七年―昭和十四年

コトバ二月號・一冊・小林好雄・東京文學社・昭和十二年

國號「日本」音聲考・一冊・大西雅雄・昭和十年

國体明徴上の一考察・一冊・松岡静雄・時の新報社・昭和十一年

守屋孝藏氏藏古鈔本伊勢物語・一冊一帙・東京古典保存會・昭和六年

國語國文雜誌研究論文索引・一冊・京都國語國文學會・東京
文獻書院・昭和六年

國語と國文學（第一二六及一三二号）・二冊・藤村作・東京至文堂・昭和九年十年

古代木綿手染織・繪絣展・一冊・京都俵屋中井敬之助商店主催・昭和十二年

口遊・一冊一帙・東京古典保存會・大正十四年

これくしよん、古染紙はり込帖・一冊（二部）・今村秀太郎・東京書入・昭和十五年

古事記裏書・二冊一帙・東京古典保存會・大正十四年

弘文荘待賈古書目・自一至十四・十四冊・反町茂雄・弘文荘（東京）

古典研究、第一年第二巻・四冊・長坂金雄・東京雄山閣・昭和十一年

古典研究別冊附録・五冊・長坂金雄・東京雄山閣・昭和十一年十二年

工藝（一、二、四、十二、十三、十八、二十六、二十七、三十六、四十三より四十八迄五十九）（自昭和六年至昭和十年）・十七冊・秋葉啓・東京聚楽社・創刊號昭和六年

弘道館記述義・一冊一帙・藤田彪・明治十六年

交通文化・十二冊・自一至十二・猪股功・東京國際交通文化協會・昭和十二年～十五年

穀菜辨覽初篇・一冊・竹中卓郎・東京三田育種場・明治二十三年

皇道より見たる書經・一冊・加藤虎之亮・東京國民精神文化研究所
昭和十三年

國語の組織・一冊・大島正健・東京長風社・大正二年

國語國字問題・文庫・六冊・稻垣伊之助・東京カナモジ會・昭和二年

古書句讀釋例・一冊・楊樹達・上海商務印書館・民國二十四年

國史經籍志・五冊一帙・野田庄右衛門板行

國史經籍志・五冊一帙・明曼山館刊

國史の研究・三冊・（總説、各説上、下）・黒板勝美・東京岩波書店・昭和十四年

古語拾遺・一冊・加藤玄智校訂・東京岩波書店・昭和十四年

華文古史辨・顧頡剛・A，W，八二九九

工藝七十二號及八十七號・二冊・東京（日本）民藝協會・昭和十一年ー十二年

弘道館記・一冊・明治聖德記念學會編輯兼發行・昭和十二年

古代劇文學（日本文學大系二十二）・一冊・能勢朝次・東京河出書房・

[redacted]・　昭和十四年

啓明會第九回講演集・笠森傳繁・東京啓明會・大正十二年・一冊

結字法上下・二冊一帙・明治四十四年

啓明會第二十八回講[redacted]演集・一冊・笠森傳繁・東京啓明會・昭和五年

東京帝國大學工科大學第四及六號（清國北京紫禁城殿門の建築及

韓國建物調査報告）・二冊・東京帝國大學工科大學編及發行・

明治三十六年及三十七年

磬　一冊一函・田邊尚次・東京工藝美術會・大正十年

萬葉集・三冊・折口信夫・東京文會堂書店・大正五年及六年

萬葉集古義・十三冊・東京精文館・昭和七年

萬葉集辭典・一冊・折口信夫・東京文會堂書店・大正八年

萬葉集講義巻第一漢字索引・一冊・山田孝雄・東京寶文館

萬葉植物要覽・一冊・愛知縣第一師範學校編・名古屋國文
學會・昭和十年

滿洲史・一冊・大原利武・京城近澤書店・昭和八年

滿清記事（全）・一冊一帙

增鏡詳解・一冊・和田英松及佐藤球會著・東京明治書院
昭和十年

馬代文獻通考・四十四冊

萬暦及解説・二冊一帙・京都貴重圖書影本刊行會編及發行・昭和十四年

松平樂翁公藝苑漫筆（五種）・一冊・福井久藏編・東京學生閣・昭和十二年

まんじ・一冊・谷崎潤一郎・東京改造社・昭和六年

南の昔話（全）・一冊・喜納緑村・東京學而書院・昭和十一年

明治以後日蓮主義著述目録・一冊・宗屋貫教編・東京立正大學

出版部・昭和八年

明治文學書目・一冊・村上濱吉・東京村上文庫・昭和十二年

明治の文章・明治の文學・一冊・東京厚生閣・昭和十三年

媽祖、二十冊・西川滿・澄子・臺北媽祖書房・昭和九年十月

單行詩集媽祖・西川滿・臺北媽祖書房・昭和十年四月

明治大正文學全集、六、十一、三十五・三冊・東京春陽堂・昭和三年

明治天皇御傳・一冊・須藤光暉・東京金尾文淵堂・大正元年

物語支那史大系・十三冊・早稲田大學出版部編輯兼發行・昭和四年至五年

桃太郎の誕生・一冊・柳田國男・東京三省堂・昭和八年

昔話研究（二巻合本）・一冊・自昭和十年五月—昭和十一年四月・東京壬生書院

昔話研究・第二巻第一号ー第十二号（未製本）東京壬生書院・昭和十一年五月ー十二年四月

室町初期に於ける國語史の一考察・一冊・岸田定雄

無盡方・一冊

明治天皇御集謹解・一冊・佐佐木信綱・大阪朝日新聞社・大正十一年

民族第一巻ー第四巻・四冊・岡村千秋・東京民族發行所・大正十四年ー昭和四年

奈良朝文法史（全）・一冊・山田孝雄・東京寶文館・大正二年

續南方隨筆・一冊・南方熊楠・東京岡書院・昭和十一年

内外教育小史（全）・一冊・東京金港堂書籍株式會社發行・明治二十九年

南總里見八犬傳一ー六・六冊・塚本哲三・東京有明堂書店・大正十五年

長崎方言に於ける外來語の研究・一冊・本山桂川・千葉日本民俗研究會・
昭和六年

南洲號・雜誌日本及日本人八十九號・一冊・大正十五年一月一日號・東京政教社

日本刀、岩波新書・一冊・本間順治・東京岩波書店・昭和十四年

日本猥談集・一冊・坂田俊夫・東京潮文閣・昭和三年

日光東照宮写真・一冊・東照宮社務所・昭和十四年

日本的性格・一冊・長谷川如是閑・東京岩波書店・昭和十四年

日本書論大観・二冊・坂崎坦・東京アルス・昭和二年及四年

註解日本外史附字句詳解・二冊・頼山陽、小宮水心註・大阪文明堂

大正六年

日葡交通第一輯・[redacted]一冊・日葡協會・昭和四年

日韓両國語[redacted]同系論・一冊・金澤庄三郎・東京三省堂・明治四十三年

日本帝國郵便規則及罰則・一冊・驛遞局・明治十一年

日本その日その日上下・二冊・イ、エス、モース・石川欣一譯・東京科學

知識普及會・昭和四年

日本産貝類和名索引・一冊（横山氏日本産貝類標本目録附録）

日本園藝雑誌（第四三及四三年ノ一部）・三冊・高橋利威・東京日本園藝會・昭和五－一六年

日本の國体と日蓮聖人・一冊・清水梁山・名古屋慈龍窟・明治四十四年

日本語讀本巻一ノ巻六・六冊・布哇教育會・昭和六年

日伊文化協定・一冊・東京國際文化振興會・昭和十四年

日本銅版畫志・一冊・西村貞・東京書物展望會・昭和十六年

日佛文化・三冊・日佛會館學藝部編・東京泉社・昭和二年－四年

日本女禮式・坪谷善四郎・東京博文館・明治二十五年

日本圖書目録・一冊（英文）・レオン、パジエス・新村出序說・東京更生閣・昭和二年

日本紡業協會規約・一冊

日本儒學史・一冊・安井小太郎・東京・富山房・昭和十四年
日本盲人史、續日本盲人史・二冊・中山太郎・東京成光館出版部・
昭和十一、十二年
日韓古代史資料・一冊・太田亮・東京・磯部甲陽堂・昭和十五年
日本語文典・一冊・コイヤード・大塚高信譯・東京坂口書店・昭和九年
日本のナポリ長崎・一冊・原鄉月・長崎長崎文化振興會・昭和十三年
日本及汎太平洋民族の研究・一冊・堀岡文吉・東京・富山房・昭和二年
日本古語大辭典・二冊・松岡靜雄・東京刀江書院・昭和四年
日本耶蘇會刊行書志解説・二冊・明治文化研究會・東京、警醒
社書店・大正十五年
日本文學大辭典・七冊・藤村作編・東京新潮社・昭和十一
昭和十二年

新渡戸博士追憶集・一冊・前田多門其他編

新渡戸博士文集・一冊・石井満編・故新渡戸博士記念事業実行
委員・昭和十一年

日本郵便切手史論・樋畑雪湖・東京日本郵券倶楽部・昭和五年・一冊

日本郵便切手詳解・大柴峰吉編・東京日本郵券倶楽部・
昭和七年・一冊

日本文学の世界的位置・一冊・勝本清一郎・東京協和書院・昭和十年

日本古書通信・四冊・昭和九年

日本神代史・一冊・中村徳五郎・東京成光館・昭和九年

古写本日本書記解題・九冊及巻子本七軸・大阪毎日新聞社編
及発行・昭和六年

日本思想史中世国民の精神生活・一冊・清原貞雄・東京中文館書店・昭和十四年

日本ローマ字史・一冊・川副佳一郎・東京岡村書店・大正十一年

ニッポン・一冊・ブルーノ、タウト・東京明治書房・昭和十六年

日本風俗沿革圖説（全）・五冊三帙・江馬務編・京都山本文華堂・

大正十一年

日本性崇拜資料一覽續篇・二冊・昭和二年／昭和七年

日本のをどり・一冊・久保田金僊・東京審美書院・昭和十三年

日本生殖器崇拜概論・一冊・澤田四郎作發行・大正十一年

日本生殖器崇拜略説・一冊・山口米吉・大正九年

日本古語大辭典・二冊・松岡靜雄・東京刀江書院・昭和十二年

日本詩歌と外國語・一冊・ジヨルジユ、ボイ・東京國際文化振興會・昭和十年

日本文法史・一冊・小林好日・東京刀江書院・昭和十一年

日本諸學研究・四冊函入・日本文化中央聯盟編・東京刀江書院・昭和十四年

日本教育史資料・九冊及圖二帙・文部省・明治三十六年－三十七年

日本性語大辭典・一冊・東本良・東京文藝資料研究會編輯部・昭和三年

日光の今昔・一冊・城田興法・東京文獻社・昭和十一年

日獨文化（創刊號）・一冊・東京日獨文化協會・昭和十五年

熱河省産兩棲類爬蟲類・一冊・第一次滿蒙學術調査研究團（早稲田大學）昭和十年

鼠はまだ生きてゐる・一冊・B.H.チエムバレン著・吉田段俊藏譯・東京岩波書店・昭和十四年

年中行事第一冊－十二冊・北野博美・富永董・年中行事刊行會（東京）・昭和八年五月－十年四月

年中行事秘抄・一巻（巻物）及解説（ボール箱入）・育徳財團・昭和六年

能樂古今記・一冊・野々村戒三・東京春陽堂・昭和六年

能樂資料第二編附錄・一冊・能樂研究室・東京能樂資料
領布會・昭和七年
能の研究・一、二の巻、三、四の巻、五、六の巻・三冊・大和田建樹・東京博文館・
明治三十六年―三十七年
能樂全史（改訂版）上中下・三冊・横井春野・東京わんや書店・
昭和十一年
能樂書講・二冊・勝野嘉一郎・東京能樂新報社・明治四十四年
能樂・二百四冊・坂元三郎・東京能樂發行所・明治三十五年―大正十一年
能樂盛衰記・二冊・池内信嘉・東京能樂會・大正十五年
能樂畫報・三冊・三十二年一月、三十三年八月、三十四年五月・斎藤芳之助・
東京能樂書院・昭和十二年―十四年

能樂古面集・一冊一帙・恩賜京都博物館編纂・京都市
京色版印刷社・昭和七年

能樂（復刊）・三十一冊・坂元三郎・東京能樂發行所・昭和九年～十二年

農業全書・一冊・土屋喬雄校訂・東京岩波書店・昭和十一年

農桑輯要・二冊・元司農司撰

農村問題文獻資料・一冊・有馬農村問題研究所・東京
日本評論社・大正十四年

野口英世・二冊・小泉丹・東京岩波書店・昭和十四年

沖繩志略字引・二冊一帙・河原田盛美・東京品川書店・明治十一年

近江奈良朝の漢文學・一冊・岡田正之助・東京東洋文庫・昭和四年

往來物展覽會出陳圖錄・一冊・東京市立日比谷圖書館收藏

歐米人の極東研究（全）・一冊・東京大日本文明協會編及發行・大正元年

織田信長・一冊・鷲尾雨工・東京春秋社松柏館・昭和十六年
大沼宏平先生略傳・一冊・村松七郎編
大鏡詳解（全）・一冊・佐藤球・東京明治書院・昭和十四年
歐米の隅々・一冊・市河三喜 晴子・東京研究社・昭和八年
千葉氏藏本大鏡・一冊一帙・東京古典保存會・大正十四年
音樂雜志、第一巻一號－第十期・十冊・北京國樂改進社・
民國十七年－二十一年
落葉籠・一冊・富田俊・昭和十一年
櫻誌・一冊・梅村甚太郎・昭和十二年
大奥の女中・三冊・池田晃淵・東京富山房・明治三十四年
小原流（盛花、瓶華）傑作選集・一冊・中原華外・京都大日本
花道學院・昭和十二年

小原流（盛花瓶華）傑作集第二輯・一冊・小原豊雲・京都

大日本花道学院・昭和十三年

ありがみざいく・一冊・中島種二・京都河原書店・昭和十三年

お札博士の観た東海道・フレッドリック、スター・東京大日本図書株式

会社・大正五年

大橋図書館第三拾壹回年報・一冊・大橋図書館・東京全館発行

昭和十五年

音楽辞典・一冊・劉誠甫・上海商務印書館・民国二十五年

琉球人御暇之節覧・一帖一帙

故宮叢書（増訂）・四十一冊・故宮叢書編輯部編・東京・吉川

弘文館其他

六書分類・十一冊二帙・汝南、傅世垚、周天庚

六書通、上中下・三冊・秦駘自鞭甫・東京博文館・明治二十七年
琉球・一冊・沖縄縣教育會同人著及發行・大正十四年・（二部）・
琉球處分提綱・一冊・明治十二年
龍留要録假名譜・四冊一帙、
リツトン報告書・一冊・牧野武夫・東京中央公論社・昭和七年
両周金文辭大系・二冊・郭沫若・東京文求堂書店・昭和七年
隣忠秘抄能樂史料第四編・一冊・坂元雪鳥・東京わんや書店・昭和十三年
六國史・十一冊・大阪朝日新聞社
連理秘抄・一冊一帙・東京古典保存會・昭和三年
論語鈔・六冊一帙・東京民友社・大正六年
論語（東方古典叢刊第六巻）・一冊・五十澤二郎・竹村書房（東京）・
昭和八年

老子（東方古典叢刊第十巻）・一冊・五十澤二郎・東京竹村書房・昭和九年

ローマ字論語、學而篇及爲政篇・二冊・宮崎静二・東京ローマ字同志社・

昭和八年、十年

ローマ字の研究・一冊・田丸卓郎・東京日本ローマ字社・大正十二年

琅玕記・一冊・新村出・東京改造社・昭和五年

西郷隆盛、青春と自覺篇・二冊・山中峯太郎・東京二見書房・昭和十六年

西郷隆盛傳・二冊・佐々弘雄・改造社（東京）・昭和十一年

西郷隆盛・一冊・富田常雄・東京大日本雄辯會講談社・昭和十六年

西郷南洲先生傳・一冊・勝田孫彌・鹿児島市役所内南洲神社

五十年[redacted]祭奉賛會・昭和二年

濟荒必備・一冊・光緒己卯

嵯峨本考・一冊函入・和田維四郎・東京金人發行・大正五年・（水ビタミン）

酒の文學・一冊・武井水哉

申樂談義・一冊・世阿彌・野上豊一郎校訂・東京岩波文庫・昭和十年

左傳の思想的研究・一冊・津田左右吉・東京東洋文庫・昭和十年

薩道先生景仰録（吉利支丹研究史回顧）・一冊・新村出・東京ぐろりあ、そさえて・昭和四年

山東玉篇一ノ六・六冊・山東直砥・明治九年

~~観~~山陽先生百年祭記念號・一冊・佐久節・東京斯文會・昭和六年

傘業隨筆大觀・一冊・小林久良治編・日本傘業新聞社發行・

山水並野形圖、古傳圖方書、尺素往來抜抄、前栽抄（一名作庭記）・一冊・東京山本浩然館・昭和三年

シーボルト資料展覽會出品目録・一冊・主催、日獨文化協會其他

シーボルト先生渡來百年記念展覽會出品目録・一冊・シーボルト先生渡來百年記念會編・大正十三年

尺八史考・一冊・東原廣太・東京竹友社・大正七年

植物名實圖考・四十八冊・六帙・小野職愨重脩・東京奎文堂・
明治二十二年

書物趣味雑

出身者著書目録・一冊・國學院大學・昭和五年

四季酒の肴・二冊・魚谷常吉・東京斗南書院・昭和十年

新集古書販賣目録・一冊・大阪荒木伊兵衛書店・昭和三年

昌平學寮學規簿・一冊一帙

小學國語讀本、尋常科用・十二冊・文部省・東京書籍
株式會社・昭和

靜岡縣郷土研究、第十二輯・一冊・橋植清・靜岡、靜岡縣郷土研究
協會・昭和十四年

守須屋ヶ見め（全）・一冊桐箱・江戸金花堂須原屋發行

信濃・郷土研究（オ一ヨリオ七巻）・七冊・町田修三・長野信濃郷土

研究會・昭和七年―十二年

七福神物語・尾原静栗・京都興教書院・大正六年・一冊・

食道樂オ一巻―オ五巻・五冊・村井寛・東京~~報知社・明治卅六年~~

玉井清文堂・昭和三年

鹽原の奥・一冊一帙・新田可彦・京都新田書房

習字兼用商業書翰文・一冊・木村富治郎・東京松邑三松堂

昭和七年・二十五版

春鶯曲其他無題・三冊

支那香艶叢書、オ一冊―オ六冊・六冊・池田信雄・上海支那

香艶書刊行會・大正十一年

支那社會の科學的研究・一冊・ウイットフオーゲル著 平野義太郎譯
東京岩波書店・昭和十四年
支那長生秘術・一冊・後藤朝太郎・東京富士書房・昭和四年
支那法制史研究(全)・東川徳治・東京有斐閣・大正十三年
支那法制史・一冊・淺井虎夫・東京博文館・明治三十七年
支那の讖言・中野江漢(吉三郎)・北京支那風物研究會・大正十四年
支那小說史・魯迅著・增田涉譯・東京天正堂・昭和十三年
支那文學概論講話・鹽谷温・東京大日本雄辯會・大正十五年十版
(大正八年初版)
支那法制史論叢・一冊・桑原隲藏・東京弘文堂・昭和十二年
支那詩論史・鈴木虎雄・東京弘文堂・昭和十年四版(昭和二年初版)
支那の孝道・一冊・桑原隲藏・發行人三島海雲(東京)・昭和十年
一冊

支那絨毯考・一冊・高木英彦・東京泰山房・昭和十一年

支那思想と日本・津田左右吉・東京岩波書店・昭和十四年

支那語研究第一號・一冊・平岩房次郎・奈良崑崙會・昭和十三年

支那の馬・中野江漢（吉三郎）・北京支那風物研究會・大正十三年・一冊

支那文學概説・青木正兒・東京弘文堂・昭和十三年四版・一冊

支那小説戯曲史概説・宮原民平・東京共立社・大正十四年・一冊

支那繪畫史・一冊・内藤湖南・東京弘文堂・昭和十三年

支那風俗・三冊・井上紅梅・上海日本堂書店・大正九年－十年

植物名彙・一冊・志田義秀、田中徹翁共編・東京北隆館・昭和四年

嶋の南洲先生・一冊・安藤佐翠・昭和十二年・鹿児島市安藤佐翠

支那に於ける佛教と儒教道教・一冊・常盤大定・東京東洋文庫・昭和五年

上海自然科學研究所彙報（自第一至第七巻）・七冊・自一九二九年至一九三七年

釋尊御遺形傳來史・一冊・小室重弘・發行者名古屋岡部豊吉・

明治三十六年

初期日獨交通小史・一冊・丸山国雄・東京日獨文化協會・昭和六年

書苑、創刊號一十二号・十二冊・藤原喜一・東京三省堂

春香傳・一冊・張赫宙・東京新潮社・昭和十三年

紙業新報・三十二冊・市川大三治・名古屋紙業新報社・昭和十年・

紙業新聞、第一巻ヨリ第二十三巻（昭和二年一十三年）及大正十二及十三年分・

二十六冊・西嶋東洲・大阪紙業新聞社

紙業雜誌、第五巻（明治四十三年）ヨリ第三十六巻（昭和十年）・

二百二十一冊・關彪・東京日本製紙聯合會

昭和十年、十二年業務報告・二冊・岐阜縣製紙工業試驗場・

昭和十一年及十三年

書翰文講話及文範・一冊・芳賀矢一其他・東京富山房・昭和九年

書物往来・十三（創刊號ー第三年五號）・十九冊・神代種亮・

東京従吾所好社・大正十三年ー十五年

書道講座・二十六冊七帙・雄山閣・昭和四年ー六年

書道（雑誌）第二巻第二号ー第三号・二冊・横山房雄・東京

雄山閣・昭和八年

書物の趣味・七冊・書物の趣味社・東京仝社發行・昭和二年ー七年

書物展望・百十一冊・斎藤昌三・東京書物展望社・第一巻第一号

第十一巻第二号

嶋・二冊・東京一誠社・

社會教育・一冊・東京社會教育會・昭和十四年

聖徳太子御一代御傳繪巻・一巻函入・山宗徳會刊

斯文、第一号ヨリ第二十編迄・百八十九冊・佐久節・東京斯文會・

大正八年ー昭和十二年

静岡市史編纂資料(第六巻)・一冊・静岡縣静岡市役所編・全市役所

發行・昭和四年

眞福寺本古事記・三冊一帙・東京古典保存會・大正十三年及十四年

新文典・一冊・橋本進吉・東京富山房・昭和十三年

神道叢説・一冊・山本信哉纂訂・東京國書刊行會・大正十二年

神祇史綱要・一冊・宮地直一・東京明治書院・昭和十三年

新撰姓氏録考證、[redacted]三冊、栗田寛・東京吉川半七發行・明治十三年

神札考・一冊・矢部善三・東京素人社書屋・昭和九年

神靈と靈火・一冊・大矢津儀・長崎縣七釜村宗極寮・昭和七年

新作都々逸小唄・一冊
眞瑜本古事記上巻・一冊一帙・東京古典保存會・昭和五年
四書集註（上帙論語七冊・下帙大學中庸論語六冊）・十三冊二帙
スカーレット、レター・一冊・ナサニエル、ホーソン・神芽郎譯・東京精華
堂・大正十三年
説文解字注上下・一冊
石林燕語・三冊
生殖崇拜論・一冊・久保盛丸・伊豫久保盛丸神道場・大正十年
生殖器崇拜説集成・一冊・久保盛丸・大同館・大正十一年
千字文及傑人遺墨集・一冊・大日本傑人遺墨蒐集會・
東京一号社・昭和六年
千頃堂書目・十六冊二帙

戦争と二人の婦人・一冊・山本有三・東京岩波書店・昭和十三年

[redacted]

成簣堂古文書影百種・一函・[redacted]蘇峰先生文章報國
五十年祝賀會編・東京全會發行・昭和十一年

川柳語彙・一冊・宮武外骨・東京成光館・昭和四年

洗硯・十冊・横川毅一郎編・東京洗硯社・昭和十四年—十五年

草字彙・一冊・物集髙氏編・東京帝國圖書普及會・大正五年

蘇峰隨筆藝書五十年・一冊・並木淺峰其他・東京ブツクドム社・昭和八年

孫子の新研究・一冊・阿多俊介・東京六合館・昭和五年

宗達畫集・一冊・日本美術協會編・東京審美書院・昭和五年

漱石全集（第十四巻）・一冊・東京漱石全集刊行會編及發行・昭和十一年

太平御覽目錄・四冊一帙・上海商務印書館・民國二十四年

太平御覧・一三二冊十一帙・上海商務印書館・民国二十四年
太平記物語・一冊・鷲尾雨工・大日本雄弁会講談社・昭和十六年
大唐西域記に記せる東南印度諸国の研究・一冊・高桑駒吉・
東京森江書店・大正十五年・（附、附録地図）
竹取物語・一冊・久松潜一譯・東京至文堂・昭和十三年
竹取物語俚言解（上下全）・一冊・佐々木信綱・靖洲書屋・明治十七年
篆刻新解・一冊・楠瀬日年・東京春陽堂・昭和七年
高砂・光悦本写・一冊
理学博士桑木　彧雄講演・泰西科学の摂取と其の展開・笠森
伝繁・東京啓明会・昭和十五年
篆字彙・五冊一帙
高木利太遺書古活字版展観目録・川瀬一馬・高木義一・昭和八年

朝鮮の習俗・一冊・朝鮮總督府・昭和九年十版

中國雕板源流考(國學小叢書)・一冊・孫毓修・上海商務印
書館・民國二十三年

中世丁香傳播考(「史學」第十六巻一号所載)・一冊・岡本良知・
昭和十二年

中部カロリン島語案内・一冊・田中鎮彦・東京寶文館・大正十年

中央大學國學圖書館・十冊・中央大學國學圖書館編・南京
龍蟠里本館・民國十七年—二十六年

中世に於ける精神生活・一冊・平泉澄・東京至文堂・大正十五年

椿山翁印譜・一冊一帙・

椿山印譜・一冊

直齋書錄解題書名索引・一冊・東洋史研究會

長恨歌琵琶行及解題・二冊一帙

張州府志上下帙・七冊二帙・花見朔巳・大正二年／大正五年

西藏語文典綱要・一冊・京都明石恵達著及發行・昭和十二年

知友新稿・一冊・蘇峰先生古稀祝學記念刊行會・東京

民友社・昭和六年

諸紙名印集・一冊

千代田城大奥（朝野叢書）・二冊・永島今四郎編・東京朝野

新聞社・明治二十五年

珍籍展覧會目録附録・一冊・東京丸善株式會社・昭和七年

潮音、第八巻第一号／第十二号・十二冊・太田貞一編輯・東京

潮音社・大正十一年

豆州熱海改正全圖・一枚・東京長谷川久美之助・明治二十七年

徒然草解釋（全）・一冊・塚本哲三・東京有明堂書店・大正十四年

徒然草解釋（全）・一冊・塚本哲三・東京有明堂書店・昭和五年

天爾乎波の原理的研究・一冊・新井無二郎・東京中文館・昭和九年

典籍散語・一冊・新村出・東京書物展望社・昭和九年

天德地福傳

塔影第十七巻第一号渡邊華山特輯・一冊・脊田元次郎・東京塔影社・
昭和十六年一月

塔影第十七巻第二号正倉院御物特輯・一冊・脊田元次郎・東京
塔影社・昭和十六年一月

陶庵素描・一冊・安藤德器・東京新英社・昭和十一年

東醫寶鑑・二十五冊桐本箱入・享保九年

當流間仕舞附・五冊一帙

當世書生氣質・一冊・坪内逍遙・東京堂・大正十五年

東洋學報（第二、三、五、六、十三、十七、二十一巻分冊共）自明治四十五年至昭和
八年・九冊・東洋協會

東洋學報（第三巻其他）・三冊・東洋協會調査部・大正二年

東洋音樂研究（第一巻第一号ー第三号）・合本一冊・東洋音樂學會（東京）・
昭和十二年

東洋學藝雜誌・第四十三ヨリ第四十六巻・四十四冊・大伏誠一・東京
興學會出版部・昭和元年ー四年

土佐製紙工業組合定款・一冊

圖書館學季刊・十冊・中華圖書館協會圖書館學季刊編輯部
南京書店・民國十五年ー二十五年

圖書館辭典（歐和對譯）・一冊・間宮不二雄編・大阪文友堂書店・大正十四年

圖書館雜誌、第一号—第百九十四号・百九十四冊・日本文庫協會・明治四十年—

昭和十二年

圖書刊行會出版目録附日本古刻書史（全）・一冊・圖書刊行

會編・東京仝會發行・明治四十二年

富岡文庫御藏書入札目録・二冊・昭和十三年—十四年

敦煌雜鈔・一冊・鈞和亭輯・禹貢學會・民國二十六年

東洋文化・三冊・東洋文化學會編・東京仝會發行・昭和三年

東洋歴史參考圖譜解説第一輯—第十三輯・十二冊・石田幹之助・

東京東洋歴史參考圖譜刊行會・大正十四年—昭和三年

東洋思想の研究・二冊・小柳司氣太・東京關書院・昭和十三年

東西交渉史の研究・二冊・藤田豊八・東京岡書院・昭和七年仝八年

東洋文化史研究・一冊・内藤虎次郎・東京弘文堂・昭和十三年

東亜語源志・一冊・新村出・東京國書院・昭和五年
唐宋法律文書の研究・一冊・仁井田陞・東京東方文化學院東京
研究所・昭和十二年
堤中納言物語・一冊・藤村作其他譯・東京至文堂・昭和十年
遊仙窟（全）・一冊一帙・慶安五年
謠の調子・一冊・齋藤芳之助・東京能樂書院・昭和七年
有用植物圖説・七冊一帙・田中芳男撰・東京大日本農會・明治廿四年
浮世繪師略傳・一冊一帙・河浦謙一・東京吉澤商店・大正八年
有不爲齋文庫善本入札目録・一冊・昭和十四年
袖海樓雜箸・二冊一帙・燕京大學圖書館藏版・民國二十年
羽陵餘蟫・一冊・田中慶太郎・東京文求堂・昭和十二年
宇治大納言源隆國郷撰今昔物語・三冊・東京辻本九兵衛・明治二十九年

浮世繪師傳（全）・一冊一帙・井上和雄編輯・東京渡邊版畫店・昭和六年

浮世繪史・二冊一帙・一色忠雄編輯・東京審美書院・昭和十五年

有職故實辭典（改版）・一冊・關根正直、加藤貞次郎・東京林平書店・
昭和十五年

謠と能、日用百科全書第四十五編・一冊・大和田建樹・東京博文館・
明治三十五年

馬・一冊・明三會編發行・昭和五年

渡邊華山畫・群馬縣増田嘿童

渡邊華山遺墨帖・一冊一帙・荒川初太郎編・名古屋深田圖案研究所・
明治四十三年

渡邊華山（少年讀本第二十二編）・一冊・渡邊霞亭著・筒井年峯畫・
東京博文館・明治三十三年

倭名類聚抄・一冊・東京古典保存會編及發行・大正十五年

和紙及紙のしるべ・一冊・津山製紙株式會社發行

和名類聚鈔（完）・一冊・稲葉通邦・京都錢屋惣四郎・寛政十三年

和譯聊齋志異・一冊・柴田天馬・東京玄文社・大正八年

山本博士還暦祝賀記念論文集・一冊・加賀美謹一郎・京都

帝國大學經濟學會・昭和九年

山口縣厚狹郡植物俗名目録・一冊・永富三治著・山口市防長

史談會（縣立山口圖書館郷土史研究室）・昭和九年

山家心中集及解題・二冊一帙・京都貴重圖書影本刊行會編及發行

全國學會協會要覽・日本學術振興會・昭和十二年

世阿彌十六部集・一冊・池内信嘉・東京礫部甲陽堂・大正七年

世阿彌十六部集・一冊・池内信嘉・東京礫部甲陽堂・大正十二年

世阿彌十六部集・一冊・池内信嘉・東京能楽会・明治四十二年

世阿彌十六部集評釋上・一冊・能勢朝次・東京岩波書店・昭和十五年

禪宗檀信徒日課經・全

全國和紙業組合聯合會創立總會議錄・一冊

續歴代風俗寫眞大觀・一冊・江馬務・東京新光社・昭和七年

續直行草大字典・一冊・前田圓・東京共益商社書店・明治三十四年

語源解説俗語と隠語・一冊・渡部善彦・東京晃文社・昭和十三年

俗曲全集（日本音曲全集）・一冊・中内蝶二・日本音曲全集刊行會

（東京）・昭和三年

歴代風俗寫眞大觀・一冊・風俗研究社・東京新光社・昭和元年

陔餘叢考・一冊・陽湖趙翼耘菘・乾隆庚戌

我觀南國・山本實彦・平田貫一郎發行・大正五年

謠曲文解前篇・一冊・勝野嘉一郎編纂・東京江島伊兵衛
明治三十九年
謠曲通解第一巻―第八巻・八冊二帙・大和田建樹・東京博文館・明治二十五年
謠曲大觀講座・四冊
謠曲界・二百七十一冊揃・神津道一・東京謠曲界發行所・大正四年―昭和九年
謠作替文句・二冊一帙・浅野彌助・明治三十五年
謠曲手引集・一冊・中澤鏈丸・東京わんや江島伊兵衛・大正四年
謠曲大觀・七冊・佐成謙太郎・東京明治書院・昭和六年
養育院六十年史・東京市養育院・昭和八年
吉原風俗資料・一冊・蘇武緑郎・東京太洋社書店・昭和五年
神農本草經・三冊一帙・嘉永七年
鮮漢文貫珠聖經全書・一冊・昭和十一年

草木子・二冊一帙・光緒乙亥

同文廣彙全書・五冊一帙

同文新字典・一冊・伊澤修二・漢字統一會發行・明治四十一年

資料16（タイプ目録・アイヌ語を通じて観たるアイヌの族性他）

800. アイヌ語を通じて観たるアイヌの族性他・一冊・国語漢文研究会・
東京明治書院・明治四十四年

600. あたらしいをりがみざいく・三冊・京都河原書店・昭和十年

300. アリンス国辞彙・宮武外骨・東京半狂堂・昭和四年・一冊

800. アクセントと方言・一冊・服部四郎・東京明治書院

6,000. 足利学校釈奠講演筆記・二十六冊・足利学校遺蹟図館刊・（全揃）
大正元年～昭和十二年

500. 愛日楼印譜・一冊・高知市溝上与三郎・大正十四年

600. 世阿弥舞踊読本・一冊・藤蔭桂樹・東京河出書房・昭和十三年

500. 足利学校沿革誌・一冊・足利学校遺蹟図館刊・大正六年

2,000. 飛鳥時代寺院址の研究・二冊・石田茂作・東京聖徳太子奉賛会・
昭和十一年

500. 美味求真・一冊・木下謙次郎・東京啓成社・大正十四年

500. 美味珍味・一冊・食宰抱・東京丸ノ内出版社・昭和八年

300. 文学・第二巻第十二号・一冊・岩波書店・昭和九年

文房四譜・二冊一帙・和紙研究会・東京都便利堂・昭和十六年

文求堂書目・一冊・田中慶太郎編・東京全人発行・昭和八年
大明三蔵聖教目録・二冊・南条文庫・東京南条博士記念刊行会
昭和四年
新文典別記（口語編）・橋本進吉・東京富山房・昭和十三年・一冊
文章軌範・四冊・王守仁撰
文章軌範・三冊一帙・官版嘉永六年刊
仏教辞典（梵漢対訳）・一冊・荻原雲来・東京丙午出版社・昭和二年
文学に現はれたる我が国民思想の研究・四冊・津田左右吉・東京洛陽
堂・大正八年乃至十年
仏垂般涅槃略説教誡経・一帙・足利初期刊（全一帖、原物）
蕪村句集遺稿講義・一冊・高浜情編・東京籾山書店・大正五年
仏教大辞典・七冊・望月信亨・東京仏教大辞典発行所・昭和十一年―
十二年
文章読本・一冊・谷崎潤一郎・東京中央公論社・昭和九年
武家時代の研究第三巻・一冊・大森金五郎・東京富山房・昭和十二年
文章心理学（日本語の表現価値）・一冊・波多野完治・東京三省堂・
昭和十二年

文藝懇話会（五月号）・一冊・安藤盛・東京文藝懇話会・
昭和十二年

文學・長田幹雄（自第一巻至第六巻）・六十六冊・東京岩波書店・
昭和八年―十三年

動安居士文集帝王韻紀附その解説・三冊一帙・朝鮮古典刊行会・
京城朝鮮古典刊行会・昭和十四年

土木工學用語集・柴原龍晃・土木學会・昭和十一年

大日光中禅寺写真帖・一冊・鈴木常観・中禅寺寺務所・昭和十五年

道家の思想と其の展開・一冊・津田左右吉・東京岩波書店・

新作都々逸小唄・一冊
昭和十四年

大観世（雑誌）・二百十六冊・齊藤芳之助編・東京能學書院

大同類聚方及総目録・写本二十四冊・安倍朝臣真貞他・大同三年

大同石佛寺・一冊・木下杢太郎・東京座右宝刊行会・昭和十六年

大西郷遺訓・一冊・小谷保太郎編輯兼発行・政教社・（東京）
大正十五年

江戸時代語研究・全六冊・松川弘太郎・神奈川江戸採訪会・昭和十一年
英和雙解隠語彙集・村松守義・東京金港堂・明治二十年・一冊
袁中郎全集・一冊・袁宏道・上海世界書局・民国二十五年
英和新撰兵語辞典・一冊・図南社編輯部・東京図南社・大正九年
英和海語辞典・一冊・内藤信夫・有明堂（東京）・大正九年
英和雙譯論語（全）・レッグ博士英譯清水起正編註・東京二三子堂
書店・昭和七年・一冊
恵比須と大黒（福神研究）・一冊・長沼賢海・東京丙午出版社・
大正十年
円朝全集・全十四冊・鈴木行三・東京春陽堂
白山獄凝煙・一冊・田中慶太郎編・東京全人発行・昭和九年
八丈島・一冊・薄總一・東京国文館・大正三年
自製紙製造販売組合規約書・一冊
八史経籍志・十七冊・二帙・漢班固撰・文政八年
販本通義（百科小叢書）・一冊・銭基博・上海商務印書館・
民国二十二年

平賀源内集（全）・一册・塚本哲三編・東京有明堂書店・昭和九年

悲恋の為恭・一册・藤森成吉・東京改造社・昭和十三年

表具のしをり（新修版）・一册・山本元・京都芸艸堂蔵版・昭和十二年

平田篤胤全集・十五册・平田學会編・東京全事務所及書店発行・明治四十四年乃至大正七年

廣島県樹目一覧表・一册

飛驒雑考・一册・武藤長平・大正四年

資料 16（タイプ目録・アイヌ語を通じて観たるアイヌの族性他）

藤田博士記念展覧会陳列図書目録・東京東洋文庫・昭和五年・一冊

福翁百話・東京時事新報社・昭和九年・一冊

扶桑略記・十五冊二帙・文政三年

風雅論・大西克礼・東京岩波書店・昭和十五年・一冊

平家物語略解・一冊・御橋悳言・東京宝文館・昭和四年

砭経（孫真人伝砭記・砭道人砭術述）・一冊

瓶史・二冊・西川一草亭・京都去風洞・昭和八年

平家物語評釈・一冊・内海弘蔵・東京明治書院・大正十五年

學生抄・一冊・享保三年

凹凸一冊・久保盛丸・イヨ、ウワジマ凸凹寺・昭和六年三月

本草便覧・二冊一帙・成光嘉・光緒丁亥孟夏

平家物語につきての研究（国語史料鎌倉時代之部）・三冊・文部省
（国語調査委員会）・国定教科書共同販売所・明治四十四年
及・大正三年

方丈記評釈・一冊・内海弘蔵・東京明治書院・昭和十三年

本邦四書訓点・並に注解の史的研究・一冊・大江文城・東京関書院・
昭和十年
星岡（第一〇二及一〇四ー一三〇）第百二号・二十八冊・林柾木・
東京便利堂出張所・昭和十四年ー十六年
法隆寺論攷・一冊・喜田貞吉選・東京地人書院・昭和十五年
本草和名・二冊一帙・大医博深江輔仁撰・寛政丙辰板
本草和名・二冊一帙・江戸和泉屋庄次郎発行
細井平洲の生涯・一冊・高瀬代次郎・東京巌松堂書店・昭和十一年
北平才時志・二冊一帙・張江裁纂・国立北平研究院史学研究会出版
訪餘録・一冊・田中慶太郎・東京全人発行・大正十年
本草備要・四冊一帙・汪訒菴
大福光寺本方丈記・一冊一帙・東京古典保存会編及発行・大正十五年
本邦書誌学概要・一冊・植松安・東京図書館事業研究会・昭和四年
平安朝文法史（全）・一冊・山田孝雄・東京宝文館・大正二年
一切経音義・七冊一帙・山田孝雄編・東京西東書房・昭和七年

伊勢物語・一册・屋代弘賢校訂・東京岩波書店・昭和六年
井上頼国翁小伝・一册・東京田辺勝哉編及発行・大正十年
印文学・一册・前田俊・東京三圭社・昭和四年
今鏡（島山本）・二册一帙函入・和田英松校訂・東京大塚巧芸社・
昭和十三年
異態習俗考・一册・金城朝永・東京六文館・昭和八年
現代医学大辞典第十四巻小児科学篇・一册・神田豊穂・東京春秋社・
昭和四年
岩瀬文庫図書目録・一册・岩瀬文庫編・愛知県全庫発行・昭和十一年
石川啄木全集・一册・石川啄木・改造社・昭和六年
岩波文庫古今著聞集・一册・黒板勝美・東京岩波書店・昭和十五年
偉人野口英世・一册・池田宣政・大日本雄弁会講談社・昭和十六年
異国草本会目録（全）・一册・賀島信近
一切経音義索引（全）・一册・山田孝雄編・東京西東書房・大正十
四年

いかもの趣味・四冊二帙・礒部鎮雄編・東京いかもの会・昭和八年ー十年

韻鏡考・一冊・大矢透・著作者発行・大正十三年

板碑概説・三冊・服部清五郎・東京鳳鳴書院・昭和八年

一癖随筆第一号・一冊・宮武外骨・東京威光館・昭和五年

色葉字類抄及解説・三冊函入・東京育徳財団・大正十五年

佚存書目・一冊・服部宇之吉編・東京田中慶太郎・昭和八年

外務省公表集第十六輯・一冊（支那事変関係を除く）・外務省・昭和十二年

学畫問答筆椿天牘（上下）・二冊・神木猶之助・明治四十四年

学燈・一冊・東京丸善・昭和十六年

雁及栽培録・一冊一帙

学畫問答筆椿天牘・三冊一帙・神木猶之助・明治四十四年

重校神農本草・二冊・光緒丙午年

畫灰書、畫水書・写本一無帙・蓬翁用九識・甲寅四月望

芸林閒歩・一冊・(太田正雄)木下杢太郎・東京岩波書店・昭和十一年

現代挿花図集第三輯・一冊・日本花道学院・昭和三年

現代挿花圖集第二輯・一冊・西阪華之栞社・昭和十一年

諺草・七冊・貝原好古・阪府書籍老舗前川書備・元禄十四年

現代挿花圖集・一冊・西阪清華・大阪第一芸文社・昭和十一年

解題叢書(全)・一冊・国書刊行会・東京全会発行・大正五年

疑問仮名遣・前後二冊・国語調査委員会(文部省内)・国定教科書共同販売所・大正元年(前)大正四年(後編)

御物看聞日記複製頒布趣旨書・一冊・貴重図書影本刊行会

儀礼圖・八冊一帙・官版寛政十一年

群経概論(百科小叢書)・一冊・周豫同・上海商務印書館

続群書類従・七十三冊・東京続群書類従完成会・昭和六年―八年

五番上下能楽資料第二編前編・一冊・能楽研究室・東京能楽資料頒布会・昭和七年

資料16（タイプ目録・アイヌ語を通じて観たるアイヌの族性他）

五番ぬき書上下能楽資料第二編後編・二冊一函・能楽研究室・東京
能楽資料頒布会・昭和七年
後漢書・六十冊
五山の四大詩僧・一冊・今関天彭・昭和八年
若樹文庫入札略目録・一冊・昭和十三年
重要樹苗説明・一冊・大阪藤井群芳園・明治三十四年
実例令女習字帖・藤村耕一・宝文館・昭和三年
女子学習院五十年史・一冊・女子学習院・昭和十年
実験音声学上より見たるアクセントの研究・千葉勉・東京富山房・
昭和十年
尋常小学読本巻一・一冊・文部省・日本書籍株式会社・大正七年
尋常小学読本・十二冊・文部省・日本書籍株式会社・昭和三年｜
六年
成吉思汗ハ源義経也・一冊・小谷部全一郎・東京富山房・大正十三年
随唐燕楽調研究・一冊・林謙三・上海商務印書館・民國二十五年

実用文字のくづし方・一冊・春花山人・大阪立川熊次郎・大正十三年

豆州熱海誌・一冊・大内青巒・熱海直誠社・明治十一年

女子風俗化粧秘伝・三冊一帙・佐山半七丸・東京神田好吉堂・文化十年

図訓異義和漢辭典・一冊・碧堂堀江与一・東京厚生閣・昭和十二年

五経・十一冊・後藤先生訓点・目黒氏蔵版

仮名源流考及証本写真・二冊・国語調査委員会編・東京国定教科書共同販売所・明治四十四年

漢文の訓読によりて伝へられたる語法・一冊・山田孝雄・東京宝文館・昭和十年

芥子園畫伝初集・五帙二十三冊

賀茂真淵全集・十二冊・賀茂百樹・東京吉川弘文館・昭和二年―七年

寛政販記録附信夫顕祖事蹟・一冊・江島伊兵衛・東京巴んや書店

花伝書改訂版・一冊・世阿彌・野上豊一郎・東京岩波書店・昭和十四年

花伝書（全）・一冊（二部）一帙・江島伊兵衛・明治三十一年

花伝第六花修・能楽資料第一編・一冊・能楽研究室・東京能楽資料頒布会・昭和六年

花伝書・一冊一帙・室町本近写鈔

鎌倉室町時代の儒教・一冊・足利知夫・東京日本古典全集刊行会・昭和七年

広東新語・八冊二帙・番禺屈翁山先生撰・本矣閣版

漢魏叢書・四十冊四帙・上海涵芬楼影印

華山印譜・一冊一帙

芥子園人物畫譜・一冊・森田但山・東京漢畫研究会・大正六年

新釈観音経講話・一冊・吉原東洋・東京観音布教会・昭和十年

観古雑帖・一帖一帙

かながきろんご・一冊一帙函入・東京安田文庫編及発行・昭和十年

関八州印象記・一冊・神奈川県郷土研究联盟編・横浜全联盟発行・昭和十六年

金沢文庫所蔵浄土宗学上の未伝稀覯の鎌倉刻本・塚本善隆

化学工業全書（第十五冊）・一冊・高松豊吉編・東京丸善書店京都支店・大正十五年

華山研究・一冊・土井亂・東京弘文書院其他・明治四十二年

漢籍解題・一冊・桂湖邨著・東京明治書院・明治三十九年

か美の粧・一冊・三好富之助編・京都精版印刷社・昭和二年

会話教本（巻一）・一冊・日語文化学校

甘露堂文庫稀覯本展覧（全）・一冊・尾崎久彌・名古屋書史会・昭和八年

化学工芸第九号・一冊一帙・東京化学工芸社・大正十四年

かなのしるべ上下・一帙・桑田明・東京一楽書学院・昭和六年

漢字詳解・三冊一帙・高田忠周・東京西本書房・大正十四年

かくし言葉の字引・一冊・宮本光玄・東京誠文堂・昭和四年

かまくら・一冊・大森金五郎・東京吉川弘文館・明治四十四年

五段排列漢字典・オ、ロゼンベルグ・東京興文社・大正五年

金沢と六浦荘時代・一冊・平田恒吾・神奈川熊野屋商店・大正三年
和英海語辞典・尾崎主税・東京水交社・昭和三年
下学集上下・二冊無缺・元和三年
切支丹宗門の迫害と潜伏・一冊・姉崎正治・東京同文館・大正十五年
近代文芸筆稿史・一冊・斎藤昌三・東京宗文堂・大正十三年
稀本零葉・一冊一帙・訪書会刊
欽定続通志・六〇冊
麒麟・一冊・東京松本新太郎著及発行・昭和七年
紀要別冊・文献蒐載第十四－十六・三冊・明治聖徳記念学会・昭和八年
郷土趣味・五十九冊・田中俊次・京都郷土趣味社・大正七年－十四年
貴重図書影本刊行会目録・一冊・貴重図書影本刊行会・京都便利堂
貴重図書影本刊行会趣意書規定及第四回配本目録・一冊
近代東洋音楽研究への覚え書・一冊・岸辺成雄
近世畸人伝中遺物会目録・一冊

欽定続通典・十三冊

吉利支丹文学抄・一冊・村岡典嗣・東京改造社・大正十五年

京華春報、一号より五号迄・一冊・東京京華社・明治二十二年

京都図書館和漢図書分類目録・六冊・京都府立京都図書館・大正
十一年～昭和七年

郷土志料分類目録・一冊・鹿児島県立図書館・昭和四年

教草野菜図説（全）・一冊・嘉永四年

気象の研究と其の応用、理学博士藤原咲平講演・一冊・笠森伝繁・
東京啓明会・昭和十年

桐生織物史・一冊・桐生織物史編纂会編・群馬県桐生市桐生織物同
業組合・昭和十五年

近代日本文学大系(17)式亭三馬集（全）・国民図書株式会社（東京）
昭和二年

頭書増補訓蒙図彙大成・一冊

君台観左右帳記研究・一冊・松本宗倫・東京中央美術社・昭和六年

慶鑑堂印存・二冊一帙

国訳本草綱目・十五冊・白井光太郎其他・東京春陽堂・昭和四年乃至八年

国語新辞典（国定教科書）・一冊・東京三省堂編輯所及発行・昭和十五年

國語と日本精神・一冊・保科孝一・東京実業之日本社・明治十一年

国文註釈全書・二十冊・室松岩雄編・国学院大学出版部・明治四十年乃至四十三年

国語国字国文改良諸説梗概・一冊・教育調査会・大正三年

校讎学（百科小叢書）・一冊・胡樸安其他・上海商務印書館・民国二十四年

古代漢文を基礎とする言語学の一科・一冊・濱名寛祐・東京日本ツラン協会・昭和八年

五部心観（園城寺蔵版）・一冊・便利堂東京出張所

國語の中に於ける漢語の研究・一冊・山田孝雄・東京宝文館・昭和十五年

古硯美の鑑賞・一冊・井上源太・東京坂上書院・昭和十一年
古文孝経・一冊一帙・足利市足利学校遺蹟図書館・昭和六年
皇室史の研究・一冊・黒板勝美他・東伏見宮蔵版・昭和七年
光悦遺芳・一冊一帙・恩賜京都博物館・京都便利堂・昭和十年
今昔物語集・三冊・芳賀矢一編・東京冨山房・大正二年～十年
胡蝶後水尾院御製・一冊・東京金尾文淵堂・大正十一年
皇室制度講話・一冊・酒巻芳男・東京岩波書店・昭和九年
国文註釈全書・一冊・本居豊穎・東京国学院大学出版部・大正二年
古代研究国文学篇及民族学篇・三冊・折口信夫・東京大岡山書房・
昭和四年
新註皇学叢書第二巻・物集高見・東京内外書籍株式会社・昭和六年
米沢藩学問所興譲館年志・一冊・米沢中学校石田勘四郎編輯・山形
米沢中学校興譲会・昭和二年
皇室と基督教・一冊・曽我部四郎・東京丁未出版社・昭和二年
皇室事典・一冊・井原頼明・東京冨山房・昭和十三年

古代日本精神文化の研究・一冊・大西貞治・東京至文堂・昭和六年

口語法（全）・一冊・国語調査委員会編（文部省）・東京大日本図
書株式会社・昭和十一年

国史大系第一巻―第十七巻・十七冊・経済雑誌社・明治三十年―
三十四年

古典保存会趣旨規約・一冊・東京古典保存会・昭和十三年

国史大辞典・六冊・八代国治編・東京吉川弘文館・昭和二年

これこれ草・二冊一帙・嘉永六年十一月

国語学書目解題・一冊・吉田澄夫

国語と国文学・一冊・藤村作編・東京至文堂・昭和五年

高野版展覧目録・一冊・大阪府立図書館・昭和四年

国学院雑誌・五百三十三冊・国学院大学・明治二十七年―昭和十四年

コトバ二月号・一冊・小林智雄・東京文学社・昭和十二年

国号「日本」音声考・一冊・大西雅雄・昭和十年

国体明徴上の一考察・一冊・松岡静雄・詩の新報社・昭和十一年

守屋孝蔵氏蔵古鈔本伊勢物語・一冊一帙・東京古典保存会・昭和六年
国語国文雑誌研究論文索引・一冊・京都国語国文学会・東京文献書
院・昭和六年
国語と国文学（第一二六及一三二号）・二冊・藤村作・東京至文堂・
昭和九年十年
古代木綿手染織・絵絣展・一冊・京都俵屋中井敬之助商店主催・
昭和十一年
国遊・一冊一帙・東京古典保存会・大正十四年
これくしよん、古染紙はり込帖・一冊（二部）・今村秀太郎・東京
書八・昭和十五年
古事記裏書・一冊一帙・東京古典保存会・大正十四年
弘文荘待賈古書目・自一至十四・十四冊・反町茂雄・弘文荘（東京）
古典研究、第一及第二巻・四冊・長坂金雄・東京雄山閣・昭和十一年
古典研究別冊附録・五冊・長坂金雄・東京雄山閣・昭和十一年ー
十二年

工芸（一、二、四十二、十三、十八、二十六、二十七、三十六、四十三より四十八迄
五十九）（自昭和六年至昭和十年）・十六冊・秋葉啓・東
京聚楽社・創刊号昭和六年

弘道館記述義・一冊一帙・藤田彪・明治十六年

交通文化・十二冊・自一至十二・猪股功・東京国際交通文化協会・
昭和十二年—十五年

穀菜辨覧初篇・一冊・竹中卓郎・東京三田育種場・明治二十三年
皇道より見たる書經・一冊・加藤虎之亮・東京國民精神文化研究所
　昭和十三年
國語の組織・一冊・大島正健・東京長風社・大正三年
國語國字問題文庫・六冊・稲垣伊之助・東京カナモジ会・昭和二年
古書句讀釋例・一冊・楊樹達・上海商務印書館・民国二十四年
國史經籍志・五冊一帙・野田庄右衞門板行
國史經籍志・五冊一帙・明晏山館行・
國史の研究・三冊・（總説、各誌上、下）・黒板勝美・東京岩波書店
　昭和十四年
古語拾遺・一冊・加藤玄智校訂・東京岩波書店・昭和十四年
英文古史辯・顧頡剛・A、W、ハンメル
工藝七十二及八十七号・二冊・東京日本民藝協会・昭和十一年ー
　昭和十三年
弘道館記・一冊・明治聖德記念學会編輯發行・昭和十二年
古代劇文學（日本文學大系二十一）・能勢朝次・東京河出書房・一冊

昭和十四年
啓明会第九回講演集・笠森傳繁・東京啓明会・大正十二年・一冊
結字法上下二冊一帙・明治四十四年
啓明会第二十八回講演集・一冊・笠森傳繁・東京啓明会・昭和三年
東京帝国大學工科大學第四及六号（清国北京紫禁城殿門の建築及韓国建物調査報告）・二冊・東京帝国大學工科大學編及発行・明治三十六年及三十七年
磐一冊一函・田邊考次・東京工藝美術会・大正十年
萬葉集・三冊・折口信夫・東京文会堂書店・大正五年及六年
萬葉集古義・十三冊・東京精文館・昭和七年
萬葉集辞典・一冊・折口信夫・東京文会堂書店・大正八年
萬葉集講義巻第一漢字索引・一冊・山田考雄・東京宝文館
萬葉植物要覧・一冊・愛知県第一師範學校編・名古屋国文學会・昭和十年
満洲史・一冊・大原　武・京城近譯書店・昭和八年
滿清記事（全）・一冊一帙

増鏡詳解・一冊・和田英松及佐藤球会著・東京明治書院・昭和十年
馬氏文献通考・四十四冊
萬時及解説・二冊一帙・京都貴重図書影本刊行会編及発行・
昭和十四年
松平樂翁公[illegible]死漫筆（五種）・一冊・福井久蔵編・東京厚生閣・
昭和十二年
まんじ・一冊・谷崎潤一郎・東京改造社・昭和六年
南の書話（全）・一冊・喜納綠村・東京學而書院・昭和十一年
明治以後日蓮主義著述目録・一冊・守屋貫教編・東京立正大學
出版部・昭和八年
明治文學書目・一冊・村上濱吉・東京村上文庫・昭和十二年
明治の文章・明治の文學・一冊・東京厚生閣・昭和十三年
媽祖・二十冊・西川満澄子・台北媽祖書房・昭和九年十月
單行詩集媽祖・西川満・台北媽祖書房・昭和十年四月
明治大正文學全集、六、十一、三十五、三冊・東京春陽堂・昭和三年
明治天皇御傳・一冊・須藤光暉・東京金尾文淵堂・大正元年

物語支那史大系・十二册・早稲田大學出版部編輯発行・昭和四年内
至五年
桃太郎の誕生・一册・柳田国男・東京三省堂・昭和八年
昔話研究第一巻合本・一册・自昭和十年五月ー昭和十一年四月・
東京壬生書院
昔話研究・第二巻第一号ー第十二号（未製本）東京壬生書院・昭和
十一年五月ー十二年四月
室町初期に於ける国語史の一考察・一册・岸田定雄
無尽方・一册
明治天皇御集謹解・一册・佐々木信綱・大阪朝日新聞社・
大正十二年
民族第一巻ー第四巻・四册・岡村千秋・東京民族発行所・大正十四年
ー昭和四年
奈良朝文法史（全）・一册・山田孝雄・東京宝文館・大正二年
續南方隨筆・一册・南方熊楠・東京図書院・昭和十一年
內外教育小史（全）・一册・東京金港堂書籍株式会社発行・

明治二十九年
南總里見八犬傳一ー六・六冊・塚本哲三・東京有明堂書店・
大正十五年
長崎方言に於ける外來語の研究・一冊・本山桂川・千葉日本民俗
研究会・昭和六年
南洲号。雜誌日本及日本人八十九号・一冊・大正十五年一月一日
号・東京政教社
日本刀。岩波新書・一冊・本間順治・東京岩波書店・昭和十四年
日本猥談集・一冊・坂田俊夫・東京潮文閣・昭和三年
日光東照宮写真・一冊・東照宮社務所・昭和十四年
日本的性格・一冊・長谷川如是閑・東京岩波書店・昭和十四年
日本畫論大觀・二冊・坂崎担・東京アルス・昭和二年及四年
註解日本外史附字句詳解・二冊・賴山陽、小宮水心註・大阪文明堂
大正六年
日葡交通第一輯・一冊・日葡協会・昭和四年
日韓両国語同系論・一冊・金澤庄三郎・東京三省堂・明治四十三年

日本帝國郵便規及罰則・一册・驛遞局・明治十一年

日本その日その日上下・二册・イ、エス、モース・石川欣一譯・

東京　東京科學知識普及会・昭和四年

日本産貝殻和名索引・一冊（横山氏日本産貝殻標本目録附録）

日本園芸雑誌（第四二及四三年ノ一部）・三冊・高橋利威・東京日本園芸会・昭和五―六年

日本の国体と日蓮聖人・一冊・清水梁山・名古屋慈龍窟・明治四十四年

日本語読本巻一―巻六・六冊・布哇教育会・昭和六年

日伊文化協定・一冊・東京国際文化振興会・昭和十四年

日本銅版画志・一冊・西村貞・東京書物展望会・昭和十六年

日仏文化・三冊・日仏会館学芸部編・東京泉社・昭和二年―四年

日本女礼式・坪谷善四郎・東京博文館・明治二十五年

日本図書目録・一冊図入・レオン、パジエス・新村出序況・東京更生閣・昭和二年

日本紙業協会規約・一冊

日本儒学史・一冊・安井小太郎・東京冨山房・昭和十四年

日本盲人史、続日本盲人史・二冊・中山太郎・東京成光館出版部・昭和十一年―十二年

日韓古代史資料・一冊・太田亮・東京磯部甲陽堂・昭和十五年
日本語文典・一冊・コイヤード・大塚高信訳・東京坂口書店・昭和
九年
日本のナポリ長崎・一冊・原郊月・長崎長崎文化振興会・昭和十三年
日本及汎太平洋の研究・一冊・堀岡文吉・東京富山房・昭和二年
日本古語大辞典・二冊・松岡静雄・東京刀江書院・昭和四年
日本耶蘇会刊行書志解説・二冊・明治文化研究会・東京警醒社書店・
大正十五年
日本文学大辞典・七冊・藤村作編・東京新潮社・昭和十一及昭和十二
年
新渡戸博士追憶集・一冊・前田多門其他編
新渡戸博士文集・一冊・右全人編・故新渡辺博士記念事業実行委員
昭和十一年
日本郵便切手史論・樋畑雪湖・東京日本郵券倶楽部・昭和五年・一冊
日本郵便切手評解・大柴峰吉編・東京日本郵券倶楽部・昭和七年・
一冊

日本文学の世界的位置・一册・勝本清一郎・東京協和書院・昭和十一年
日本古書通信・四册・昭和九年
日本神代史・一册・中村徳五郎・東京成光館・昭和九年
古写本日本書記解題・九册及巻子本七軸・大阪毎日新聞社編及発行・昭和二年
日本愚想史中世国民の精神生活・一册・清原貞雄・東京中文館書店・昭和十四年
日本ローマ字史・一册・川副佳一郎・東京岡村書店・大正十一年
ニッポン・一册・ブルーノ、タウト・東京明治書房・昭和十六年
日本風俗沿革図説（全）・五册三帙・江馬務編・京都山本文華堂・大正十一年
日本性崇拝資料一覧及続篇・二册・昭和三年—昭和七年
日本のをどり・一册・久保田金僊・東京審美書院・昭和十三年
日本生殖器崇拝概論・一册・沢田四郎発行・大正十一年

日本生殖器崇拝略説・一冊・山口米吉・大正九年
日本古語大辞典・二冊・松岡静雄・東京刀江書院・昭和十二年
日本詩歌と外国語・一冊・ジョルジュ、ボイ・東京国際文化振興会・
昭和十年
日本文法史・一冊・小林好日・東京刀江書院・昭和十一年
日本諸学研究・四冊函入・日本文化中央联盟編・東京刀江書院・
昭和十四年
日本教育史資料・九冊及図二帙・文部省・明治三十六年－三十七年
日本性語大辞典・一冊・東本良・東京文芸資料研究会編輯部・昭和
三年・
日光の今昔・一冊・城田興法・東京文献社・昭和十一年
日独文化（創刊号）・一冊・東京日独文化協会・昭和十五年
熱河省産両棲類爬虫類・一冊・第一次満蒙学術調査研究団・
（早稲田大学）昭和十年

鳳はまだ生きてゐる・一冊・B、H、チエムバレン著、吉阪俊蔵訳・
東京岩波書店・昭和十四年

年中行事第一冊ー十二冊・北野博美富永・年中行事刊行会（東京）
昭和八年五月ー十年四月

年中行事秘抄・一巻（巻物）及解説（ボール箱入）・育徳財団・
昭和六年

能楽古今記・一冊・野々村戒三・東京春陽堂・昭和六年

能楽資料第二編附録・一冊・能楽研究室・東京能楽資料領布会・
昭和七年

能の栞・一、二の巻、三、四の巻、五、六の巻・三冊・大和田建樹・
東京博文館・明治三十六年ー三十七年

能楽全史（改訂版）上中下・三冊・横井春野・東京わんや書店・
昭和十一年

能楽畫譜・二冊・勝野嘉一郎・東京能楽新報社・明治四十四年

能楽・二百四冊・坂元三郎・東京能楽発行所・明治三十五年ー
大正十年

能楽盛衰記・二冊・池内信嘉・東京能楽会・大正十五年

能楽書報・三冊・三十二年一月、三十三年八月、三十四年五月、
斉藤芳之助・東京能楽書院・昭和十二年—十四年

能楽古面集・一冊一帙・恩賜京都博物館編纂・京都京都原色版印刷社
昭和七年

能楽（復刊）・三十一冊・坂元三郎・東京能楽発行所・昭和九年—
十一年

農業全書・一冊・土屋喬雄校訂・東京岩波書店・昭和十一年

農桑輯要・二冊・元司農司撰

農村問題文献資料・一冊・有馬農村問題研究所・東京日本評論社・
大正十四年

野口英世・一冊・小泉丹・東京岩波書店・昭和十四年

沖縄志略字引・一冊一帙・河原田盛美・東京品川支店・明治十一年

近江奈良朝の漢文学・一冊・石田幹之助・東京東洋文庫・昭和四年

往来物展覧会出陳目録・一冊・東京市立日比谷図書館収蔵

欧米人の極東研究（全）・一冊・東京大日本文明協会編及発行・
大正元年
織田信長・一冊・鷲尾雨工・東京春秋社松柏館・昭和十六年
大沼宏平先生略伝・一冊・村松七郎編
大鏡詳解（全）・一冊・佐藤球・東京明治書院・昭和十四年
欧米の隅々・一冊・市河三喜・晴子・東京研究社・昭和八年
千葉氏蔵本大鏡・一冊一帙・東京古典保存会・大正十四年
音楽雑誌・第一巻一号－第十期・十冊・北京国楽改進社・民国十七年
落葉籠・一冊・富田俊・昭和十一年
－二十一年
桜誌・一冊・梅村甚太郎・昭和十二年
大奥の女中・三冊・池田晃淵・東京富山房・明治三十四年
小原流（盛花、瓶華）傑作選集・一冊・中原華外・京都大日本花道
学院・昭和十二年
小原流（盛花、瓶華）傑作集第二輯・一冊・小原豊雲・京都大日本
花道学院・昭和十三年

をりがみざいく・一册・中島種二・京都河原書店・昭和十三年

お札博士の観た東海道・フレッドリック、スター・東京大日本図書
株式会社・大正五年

大橋図書館第三拾壱回年報・一册・大橋図書館・東京全館発行・
昭和十五年

音楽辞典・一册・劉誠甫・上海商務印書館・民国二十五年

琉球人御暇之節覚・一帖一帙

故実叢書（増訂）・四十一册・故実叢書編輯部編・東京吉川弘文館

其他

六書分類・十一册二帙・汝南、伝世泰、周天辰

六書通、上中下・三册・泰駘自韓甫・東京博文館・明治二十七年

琉球・一册・沖縄県教育会同人著及発行・大正十四年（二部）

琉球処分提綱・一册・明治十二年

竜宮要録仮名譜・四册一帙

リットン報告書・一册・牧野武夫・東京中央公論社・昭和七年

両周金文辞大系・二冊・郭沫若・東京文求堂書店・昭和七年
隣忠秘抄能楽史料第四編・一冊・坂元雪鳥・東京わんや書店・
昭和十二年
六国史・十一冊・大阪朝日新聞社・
連理秘抄・一冊一帙・東京古典保存会・昭和三年
論語鈔・六冊一帙・東京民友社・大正六年
論語（東方古典叢刊第六巻）・一冊・五十沢二郎・竹村書房（東京）
昭和八年
老子（東方古典叢刊第十巻）・一冊・五十沢二郎・東京竹村書房・
昭和九年
ローマ字論語、学而篇及為政篇・二冊・宮崎静二・東京ローマ字同
志社・昭和八年、十三年
ローマ字の研究・一冊・田丸卓郎・東京日本ローマ字社・大正十一年
琅玕記・一冊・新村出・東京改造社・昭和五年
西郷隆盛・青春の自覚篇・一冊・山中峰太郎・東京二見書房・昭和
十六年

西郷隆盛伝・一册・佐々弘雄・改造社（東京）・昭和十一年
西郷隆盛・一册・冨田常雄・東京大日本雄弁会講談社・昭和十六年
西郷南洲先生伝・一册・勝田孫彌・鹿児島市役所内南洲神社五十年祭
奉賛会・昭和二年
斉荒必備・一册・光緒巳卯
嵯峨本考・一册図入・和田維四郎・東京全人発行・大正五年・
（水ピタシ）
酒の文学・一册・武井水哉
申楽談義・一册・世阿彌・野上豊一郎校訂・東京岩波文庫・昭和十年
左伝の思想的研究・一册・津田左右吉・東京東洋文庫・昭和十年
薩道先生景仰録（吉利支丹研究史回顧）・一册・新村出・東京ぐろり
あ、そさえて・昭和四年
山東玉篇一ノ六・六册・山東直砥・明治九年
頼山陽先生百年祭記念号・一册・佐久節・東京斯文館・昭和六年
傘業随筆大観・一册・小林久良治編・日本傘業新聞社発行

山水並野形図、古伝園方書、尺素往来抜抄、前栽抄（一名作庭記）。
一冊。東京山本浩然館。昭和三年
シーボルト資料展覧会出品目録。一冊。主催、日独文化協会其他
シーボルト先生渡来百年記念展覧会出品目録。一冊。シーボルト
先生渡来百年記念会編。大正十三年
尺八史考。一冊。栗原広太。東京竹友社。大正七年
植物名実図考。四十八冊。六帙。小野職愨覆刻。東京奎文堂。
明治二十二年
出身者著書目録。一冊。国学院大学。昭和五年
四季酒の肴。一冊。魚谷常吉。東京斗南書院。昭和十年
新集古書販売目録。一冊。大阪荒木伊兵衛書店。昭和三年
昌平学寮学規簿。一冊一帙
小学国語読本、尋常科用。十二冊。文部省。東京書籍株式会社。
昭和
静岡県郷土研究、第十二輯。一冊。拓植清。静岡、静岡県郷土研究
協会。昭和十四年

守須屋う免め（全）・一册桐箱・江戸金花堂須原屋發行
信濃、郷土研究（第一ヨリ第七巻）・七册・町田修三・長野信濃郷土
研究会・昭和七年｜十三年
七福神物語・尾原静乘・京都興教書院・大正六年・一册
食道楽第一巻｜第五巻・五册・村井寛・東京玉井清文堂・昭和三年
鹽原の奥・一册一帙・新田可彦・京都新田書房
習字兼用商業書翰文・一册・森富治郎・東京松邑之松堂・昭和七年｜
二十五年
春賀曲其他無題・三册
支那香艶叢書、第一册｜第六册・六册・池田信雄・上海支那香艶書刊
行会・大正十一年

支那社會の科學的研究・一册・ウイットフォーゲル著・平野義太郎
譯・東京岩波書店・昭和十四年
支那長生秘術・一册・後藤朝太郎・東京冨士書房・昭和四年
支那法制史研究（全）・東川德治・東京有斐閣・大正十三年
支那法制史・一册・淺井虎夫・東京博文館・明治三十七年
支那の諺言・中野江漢（吉三郎）・北京支那風物研究會・大正十四年
支那小說史・魯迅著・増田渉譯・東京天正堂・昭和十三年
支那文學概論講話・鹽谷溫・東京大日本雄辯會・大正十五年十版・
（大正八年初版）
支那法制史論叢・一册・桑原隲藏・東京弘文堂・昭和十二年
支那詩論史・鈴木虎雄・東京弘文堂・昭和十年四版（昭和二年初版）
一册
支那の孝道・一册・桑原隲藏・發行人三島海雲（東京）・昭和十年
支那絨毯考・一册・高木英彥・東京泰山房・昭和十一年
支那思想と日本・津田左右吉・東京岩波書店・昭和十四年

支那語研究第一號・一冊・平岩房次郎・奈良崑崙會・昭和十三年

支那の馬・中野江漢（吉三郎）・北京支那風物研究會・大正十三年
一冊

支那文學概說・青木正兒・東京弘文堂・昭和十三年四版・一冊

支那小說戲曲史概說・宮原民平・東京共立社・大正十四年・一冊

支那繪畫史・一冊・內藤湖南・東京弘文堂・昭和十三年

支那風俗・三冊・井上紅梅・上海日本堂書店・大正九年〜十年

植物名彙・一冊・志田義秀、田中徹翁共編・東京北隆館・昭和四年

嶋の南洲先生・一冊・安藤佳翠・昭和十一年・鹿兒島市安藤佳翠

支那に於ける佛教と儒教道教・一冊・常盤大定・東京東洋文庫・
昭和五年

上海自然科學研究所彙報（自第一至七卷一・七冊・自一九二九年至
一九三七年

釋奠御遺形傳來史・一冊・小室重弘・發行者名古屋岡部豐吉・
明治三十六年

初期日獨交通小史・一册・丸山國雄・東京日獨文化協會・昭和六年

書苑、創刊號—十二號・十二册・藤原喜一・東京三省堂

春香傳・一册・張赫宙・東京新潮社・昭和十三年

紙業新報・三十二册・市川矢三治・名古屋紙業新報社

紙業新聞、第一巻より第二十三巻（昭和二年—十三年）及大正十二年及十三年分・二十六册・西嶋東洲・大阪紙業新聞社

紙業雜誌、第五巻（明治四十三年）より第三十六巻（昭和十年）・二百二十一册・關彪・東京日本製紙聯合會

昭和十年、十二年業務報告・二册・岐阜縣製紙工業試驗場・昭和十一年及十三年

書翰文講話及文範・一册・芳賀矢一其他・東京冨山房・昭和九年

書物往來・一—三（創刊號—第三年五號）・十九册・神代種亮・東京從吾所好社・大正十三年—十五年

書道講座・二十六册七帙・雄山閣・昭和四年—六年

書道（雜誌）第二巻第二號—第三號・二册・横山房雄・東京雄山閣

昭和八年

書物の趣味・七册・書物の趣味社・東京全社發行・昭和二年ー七年

書物展望・百十一册・齋藤昌三・東京書物展望社・第一巻第一號

第十一巻第二號

嶋・二册・東京一誠社

社會教育・一册・東京社會教育會・昭和十四年

聖德太子御一代御傳繪巻・一巻函入・泉德會刊

斯文、第一號より第二十編迄・百八十九册・佐久節・東京斯文會・

大正八年ー昭和十二年

靜岡市史編纂資料（第六巻一・一册・靜岡縣靜岡市役所編・全市役

所發行・昭和四年

眞福寺本古事記・三册一帙・東京古典保存會・大正十三年及十四年

新文典・一册・橋本進吉・東京富山房・昭和十三年

神道叢説・一册・山本信哉纂訂・東京國書刊行會・大正十二年

神祇史綱要・一册・宮地直一・東京明治書院・昭和十三年

新撰姓氏錄考證、三冊・栗田寛・東京吉川半七發行・明治十三年

神札考・一冊・矢部善三・東京素人社書屋・昭和九年

神靈と靈火・一冊・大矢津織・長崎縣七釜村宗極寮・昭和七年

新作都々逸小唄・一冊

眞瑜本古事記上卷・一冊一帙・東京古典保存會・昭和五年

四書集註（上帙論語七冊・下帙大學中庸論語六冊）・十三冊二帙

スカーレツト、レター・一冊・ナサニエル、ホーソン・神芳郎譯・東京精華堂・大正十三年

說文解字注上下・一冊

石林燕語・三冊

生殖崇拜論・一冊・久保盛丸・伊豫久保盛丸神道場・大正十年

生殖器崇拜語集成・一冊・久保盛丸・大同館・大正十一年

千字文及傑人遺墨集・一冊・大日本傑人遺墨蒐集會・東京一聯社・昭和六年

千頃堂書目・十六冊二帙

戰爭と二人の婦人・一册・山本有三・東京岩波書店・昭和十三年

成簣堂古文書影百種・一函・蘇峰先生文章報國五十年祝賀會編・東京全會發行・昭和十一年

川柳語彙・一册・宮武外骨・東京成光館・昭和四年

洗硯・十册・横川毅一郎編・東京洗硯社・昭和十四年－十五年

草字彙・一册・物集氏編・東京帝國圖書普及會・大正五年

蘇峰隨筆愛書五十年・一册・並木淺峰其他・東京ブツクドム社・昭和八年

孫子の新研究・一册・阿多俊介・東京六合館・昭和五年

宗達畫集・一册・日本美術協會編・東京審美書院・昭和五年

漱石全集（第十四卷）・一册・東京漱石全集刊行會編及發行・昭和十一年

太平御覽目錄・四册一帙・上海商務印書館・民國二十四年

太平御覽・一三二册十一帙・上海商務印書館・民國二十四年

太平記物語・一册・鷲尾雨工・大日本雄辯會講談社・昭和十六年

大唐西域記に記せる東南印度諸國の研究・一冊・高桑駒吉・東京森江書店・大正十五年・（附、附錄地圖）

竹取物語・一冊・久松潛一譯・東京至文堂・昭和十三年

竹取物語俚言解（上下全一・一冊・佐々木信綱・靖洲書屋・明治十七年

篆刻新解・一冊・楠瀨日年・東京春陽堂・昭和七年

高砂・光悦本寫・一冊

理學博士桑木　雄講演、泰西科學の攝取と其の展開・笠森傳繁・東京啓明會・昭和十五年

篆字彙・五冊一峡

高木利太遺書古活字版展觀目錄・川瀨一馬・高木義一・昭和八年

朝鮮の習俗・一冊・朝鮮總督府・昭和九年十版

中國雕板源流考（國學小叢書）・一冊・孫毓修・上海商務印書館・民國二十三年

中世丁番傳播考（「史學」第十六卷一號所載）・一冊・岡本良知・

昭和十二年

中部カロリン島語案内・一冊・田中鎮彦・東京寶文館・大正十年

中央大學國學圖書館・十冊・中央大學國學圖書館編・南京龍蟠里本館・民國十七年－二十六年

中世に於ける精神生活・一冊・平泉澄・東京至文堂・大正十五年

椿山翁印譜・一冊一帙

椿山印譜・一冊

直齋書録解題書名索引・一冊・東洋史研究會

長恨歌琵琶行及解題・二冊一帙

張州府志上下帙・七冊二帙・花見朔巳・大正二年－大正五年

西藏語文典綱要・一冊・京都明石惠達著及發行・昭和十二年

知友新稿・一冊・蘇峰先生古稀祝學記念刊行會・東京民友社・昭和六年

諸紙名印集・一冊

千代田城大奥（朝野叢書）・二冊・永島今四郎編・東京朝野新聞社

明治二十五年

珍籍展覽會目錄附錄・一册・東京丸善株式會社・昭和七年

潮音、第八卷第一號ー第十二號・十二册・太田貞一編輯・東京潮音社・大正十一年

豆州熱海改正全圖・一枚・東京長谷川久美之助・明治二十七年

徒然草解釋（全）・一册・塚本哲三・東京有明堂書店・大正十四年

徒然草解釋（全）・一册・塚本哲三・東京有明堂書店・昭和五年

天爾乎波の原理的研究・一册・新井無二郎・東京中文館・昭和九年

典籍散語・一册・新村出・東京書物展望社・昭和九年

天德地福傳

塔影第十七卷第一號渡邊華山特輯・一册・齋田元次郎・東京塔影社
昭和十六年一月

塔影第十七卷第三號正倉院御物特輯・一册・齋田元次郎・東京塔影社・昭和十六年一月

陶魔素描・一册・安藤德器・東京新英社・昭和十一年

東醫寶鑑・二十五册桐本箱入・享保九年
當流闘仕舞付・五册一帙
當世書生氣質・一册・坪内逍遙・東京堂・大正十五年
東洋學報（第二、三、五、六、十三、十七、二十一卷分册共）自明治四十五年
至昭和八年・九册・東洋協會
東洋學報（第三卷其他）・三册・東洋協會調査部・大正二年
東洋音樂研究（第一卷第一號－第三號）・合本一册・東洋音樂學會
（東京）・昭和十二年
東洋學藝雜誌、第四十三より第四十六卷・四十四册・犬伏誠一・東
京興學會出版部・昭和元年－四年
土佐製紙工業組合定款・一册
圖書館學季刊・十册・中華圖書館協會圖書館學季刊編輯部・南京書
店・民國十五年－二十五年
圖書館辭典（歐和對譯）・一册・間宮不二雄編・大阪文友堂書店・
大正十四年

圖書館雜誌、第一號－第百九十四號・百九十四册・日本文庫協會・
明治四十年－昭和十一年

圖書刊行會出版目錄附日本古刻書史（全一）・一册・圖書刊行會編・
東京全會發行・明治四十二年

富岡文庫御藏書入札目錄・二册・昭和十三年－十四年

敦煌雜鈔・一册・釣和亭輯・禹貢學會・民國二十六年

東洋文化・三册・東洋文化學會編・東京全會發行・昭和三年

東洋歷史參考圖譜解說第一輯－第十二輯・十二册・石田幹之助・東
京東洋歷史參考圖譜刊行會・大正十四年－昭和六年

東洋思想の研究・二册・小柳司氣太・東京關書院・昭和十三年

東西交涉史の研究・二册・藤岡豐八・東京岡書院・昭和七年及八年

東洋文化史研究・一册・內藤虎次郎・東京弘文堂・昭和十三年

東亞語源志・一册・新村出・東京岡書院・昭和五年

唐宋法律文書の研究・一册・仁井田陞・東京東方文化學院東京研究
所・昭和十二年

堤井納言物語・一册・藤村作其他譯・東京至文堂・昭和十年

遊仙窟（全）・一册一帙・慶安五年

謡の調子・一册・齋藤芳之助・東京能樂書院・昭和七年

有用植物圖説・七册一帙・田中芳男撰・東京大日本農會・明治廿四年

浮世繪師略傳・一册一帙・河浦謙一・東京吉澤商店・大正八年

有不爲齋文庫善本入札目録・一册・昭和十四年

袖海樓雜著・二册一帙・燕京大學圖書館藏版・民國二十年

羽陵餘蟫・一册・田中慶太郎・東京文求堂・昭和十二年

宇治大納言源隆國郷撰今昔物語・三册・東京辻本九兵衛・明治二十九年

浮世繪師傳（全）・一册一帙・井上和雄編輯・東京渡邊版畫店・昭和六年

浮世繪史考二册一帙・一色惠雄編輯・東京審美書院・昭和十五年

有職故實辭典（改版）・一册・關根正直、加藤貞次郎・東京林平書店・昭和十五年

諸も能、日用百科全書第四十五編・一冊・大和田建樹・東京博文館
明治三十五年
馬・一冊・明三會編發行・昭和五年
渡邊華山畫・群馬縣増田嘿薫
渡邊華山遺墨帖・一冊一峡・荒川初太郎編・名古屋渠田圖案研究所
明治四十三年
渡邊華山（少年讀本第二十二編）・一冊・渡邊霞亭著・筒井年峯畫
東京博文館・明治三十三年
倭名類聚抄・一冊・東京古典保存會編及發行・大正十五年
和紙及紙糸のしるべ・一冊・津山製紙株式會社發行
和名類聚（完一）・一冊・稻葉通邦・京都錢屋惣四郎・寛政十三年
和譯聊齋志異・一冊・柴田天馬・東京玄文社・大正八年
山本博士還暦祝賀記念論文集・一冊・加賀美講一郎・京都帝國大學
經濟學會・昭和九年
山口縣厚狭郡植物俗名目錄・一冊・永冨三治著・山口市防長史談會

（縣立山口圖書館郷土史研究室）・昭和九年

山家心中集及解題・二册一帙・京都貴重圖書影本刊行會編及發行

全國學會協會要覽・日本學術振興會・昭和十二年

世阿彌十六部集・一册・池内信嘉・東京磯部甲陽堂・大正七年

世阿彌十六部集・一册・池内信嘉・東京磯部甲陽堂・大正十二年

世阿彌十六部集・一册・池内信嘉・東京能樂會・明治四十二年

世阿彌十六部集評釋上・一册・能勢朝次・東京岩波書店・昭和十五年

禪宗檀信徒日課經・全

全國和紙業組合聯合會創立總會議錄・一册

歷代風俗寫眞大觀・一册・風俗研究社・東京新光社・昭和六年

續歷代風俗寫眞大觀・一册・江馬務・東京新光社・昭和七年

續直行草大字典・一册・前田圓・東京共益商社書店・明治三十四年

語源解説俗語と隱語・一册・渡部春彦・東京桑文社・昭和十三年

俗曲全集（日本音曲全集一）・一册・中内蝶二・日本音曲全集刊行會

（東京）・昭和三年

陔餘叢考・一冊・陽湖趙翼耘菘・乾隆庚戌
我觀南國・山本實彦・平田貫一郎發行・大正五年
謠曲文解前篇・一冊・勝野嘉一郎編集・東京江島伊兵衛・明治卅九年
謠曲通解第一卷ー第八卷・八冊二帙・大和田建樹・東京博文館・明治三十五年
謠曲大講座・四冊
謠曲界・二百七十一冊揃・神津道一・東京謠曲界發行所・大正四年ー昭和九年
謠作替文句・二冊一帙・淺野彌助・明治三十五年
謠曲手引集・一冊・中澤銈丸・東京わんや江島伊兵衛・大正四年
謠曲大觀・七冊・佐成謙太郎・東京明治書院・昭和六年
養育院六十年史・東京市養育院・昭和八年
吉原風俗資料・一冊・蘇武綠郎・東京太洋社書店・昭和五年
神農本草經・三冊一帙・嘉永七年
鮮漢文貫珠聖經全書・一冊・昭和十一年

草木子・二冊一帙・光緒乙亥

同文廣彙全書・五冊一帙

同文新字典・一冊・伊澤修二・漢字統一會發行・明治四十一年

【著者紹介】

横山　學（よこやま・まなぶ）
1948年、岡山市生まれ。1983年、筑波大学大学院歴史・人類学研究科史学日本史専攻博士課程修了。現在、ノートルダム清心女子大学名誉教授、早稲田大学招聘研究員。文学博士。
（主要著書）
『琉球国使節渡来の研究』（吉川弘文館、1987年）『書物に魅せられた英国人　フランク・ホーレーと日本文化』（吉川弘文館、2003年）『江戸期琉球物資料集覧』（本邦書籍、1981年）『琉球所属問題関係資料』〈編著〉（本邦書籍、1980年）『神戸貿易新聞』〈編著〉（本邦書籍、1980年）『文化のダイナミズム』〈共著〉「フランク・ホーレー探検　人物研究の面白さ」（大学教育出版、1999年）『描かれた行列―武士・異国・祭礼』〈共著〉「琉球国使節登城行列絵巻を読む」（東京大学出版会、2015年）『生活文化研究所年報』〈編著〉（ノートルダム清心女子大学生活文化研究所、１輯1987年～30輯2016年）"Journalist and Scholar Frank Hawley", British & Japan Vol.5, Edited by Hugh Cortazzi, 2004. "Frank Hawley and his Ryukyuan Studies", British Library Occasional Papers 11, Japan Studies, 1990.

書誌書目シリーズ⑪⓪
フランク・ホーレー旧蔵「宝玲文庫」資料集成
第3巻

二〇一七年三月十日　印刷
二〇一七年三月二十四日　発行

編著　横山　學（よこやま　まなぶ）
解題　横山　學
発行者　荒井秀夫
発行所　株式会社ゆまに書房
〒一〇一―〇〇四七
東京都千代田区内神田二―七―六
電話〇三（五二九六）〇四九一（代表）
印刷　株式会社平河工業社
製本　東和製本株式会社
組版　有限会社ぷりんてぃあ第二

定価：本体21,000円＋税
ISBN 978-4-8433-5133-8 C3300